ぼくはネコのお医者《いしゃ》さん

ネコ専門病院《せんもんびょういん》の日々《ひび》

東《ひがし》 多江子《たえこ》／文《ぶん》

講談社 青い鳥文庫

もくじ

第《だい》3章《しょう》

ぼくが診《み》てきたネコたち

第《だい》4章《しょう》

さよならのためにぼくができること

巻末特集《かんまつとくしゅう》

ネコとくらす　～服部先生《はっとりせんせい》からのアドバイス！

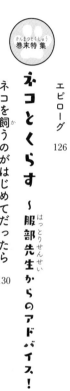

プロローグ

二〇〇四年《ねん》のこと。

地中海《ちちゅうかい》の島《しま》、キプロスで、新石器時代《しんせっきじだい》の遺跡《いせき》が発掘《はっくつ》された。人《ひと》の骨《ほね》のそば、約《やく》四十センチのところに、小《ちい》さな動物《どうぶつ》の骨《ほね》が埋《う》まっていた。調《しら》べてみると、それは……ネコの骨《ほね》だった！

いまわたしたちのまわりにくらす家《いえ》ネコの祖先《そせん》、「リビアヤマネコ」と思《おも》われるネコだ。ネコの骨《ほね》は、人《ひと》の骨《ほね》とおなじ方向《ほうこう》を向《む》いている。これはいっしょにお墓《はか》に入《い》れられたものと考《かんが》えられた。

いまのペットとおなじような存在《そんざい》かどうかわからないが、新石器時代《しんせっきじだい》、いまより約《やく》九千五百年前《ねんまえ》にはもう、人間《にんげん》のそばにネコがいたということになる。

そしていま、日本《にっぽん》では飼《か》いネコの数《かず》がどんどん増《ふ》えている。ペットといえばイヌがダントツだったのに、ついに、飼《か》いネコの数《かず》が飼《か》いイヌの数《かず》を追《お》いこしたのだ！

この本《ほん》で紹介《しょうかい》するのは、ネコを専門《せんもん》に治療《ちりょう》する獣医《じゅうい》さん、服部幸先生《はっとりゆきせんせい》だ。

動物病院《どうぶつびょういん》ではふつう、ネコもイヌもほかの動物《どうぶつ》たちも、治療《ちりょう》する。

服部先生《はっとりせんせい》が活動《かつどう》する「東京猫医療《とうきょうねこいりょう》センター」は、ネコだけを診《み》る、日本《にっぽん》ではまだ数少《かずすく》ない専門病院《せんもんびょういん》だ。

服部先生《はっとりせんせい》は、なぜわざわざ、ネコ専門《せんもん》の病院《びょういん》を作《つく》ったのだろう？

ネコの病気《びょうき》を治《なお》すには、どんな苦労《くろう》があるのだろう？

ネコ好《ず》きの人《ひと》に、もっとネコのことを知《し》ってもらうために——。

獣医《じゅうい》さんのことが気《き》になっている人《ひと》に、その仕事《しごと》をもっと理解《りかい》してもらうために——。

ネコを愛《あい》し、ネコのすみずみまで知《し》っている服部先生《はっとりせんせい》の思《おも》いをとどけよう！

第《だい》1章《しょう》

ぼくは ネコのお医《い》者《しゃ》さん

服部先生《はっとりせんせい》が院長《いんちょう》をつとめる
東京猫《とうきょうねこ》医療《いりょう》センター

ガンと診断《しんだん》されたネコ

それは、桜《さくら》の花《はな》が満開《まんかい》をむかえた春《はる》のことだった。

「東京猫《とうきょうねこ》医療《いりょう》センター」では午前《ごぜん》の診療《しんりょう》がやっと終《お》わろうとしていた。

「どうぞお大事《だいじ》に。」

と患者《かんじゃ》のネコと飼《か》い主《ぬし》さんを送《おく》りだし、病院《びょういん》のなかにいるのはスタッフだけになった。

みんながおそいランチの準備《じゅんび》をはじめるなか、院長《いんちょう》の服部幸先生《はっとりゆきせんせい》は、午後《ごご》の予定《よてい》を確認《かくにん》するために、一階《かい》の待合室《まちあいしつ》までおりてきた。

待合室《まちあいしつ》はガラス張《ば》りで、道《みち》を通《とお》る車《くるま》や人《ひと》が見《み》える。

服部先生《はっとりせんせい》は、病院《びょういん》の前《まえ》を行《い》ったり来《き》たりする、ひとりの女性《じょせい》に気《き》がついた。

(道《みち》にまよっているのかな……。)

しかし、女性《じょせい》はなかなか、病院《びょういん》の前《まえ》から去《さ》ろうとしない。

服部先生《はっとりせんせい》は、入《い》り口《ぐち》のかぎを開《あ》け、その女性《じょせい》に声《こえ》をかけた。

「うちにご用《よう》ですか？」

先生《せんせい》の目《め》に、女性《じょせい》がかかえる大《おお》きなケージがうつった。なかにネコが入《はい》っているのは、あきらかだった。

「……もう午前《ごぜん》の診療時間《しんりょうじかん》は終《お》わってるんですね。」

女性《じょせい》はがっかりしたようすでいった。

飼《か》っているネコを車《くるま》に乗《の》せて、千葉《ちば》からやってきたのだという。はじめての道《みち》でまよってしまい、ついたときにはもう、診療時間《しんりょうじかん》をすぎてしまっていた。

「どうぞ。」

服部先生《はっとりせんせい》は、飼《か》い主《ぬし》の女性《じょせい》をまねきいれた。

「よろしいんですか……。」

「ええ、ネコちゃんを診《み》てみましょう。」

たしかに診療時間《しんりょうじかん》はすぎていたけれど、先生《せんせい》は、遠《とお》くから来《き》た飼《か》い主《ぬし》さんの気持《きも》ちを思《おも》うと、夕方《ゆうがた》まで待《ま》たせることはできなかった。

二階《かい》にあがり、さっき消《け》したばかりの診察室《しんさつしつ》の電気《でんき》をつける。

女性《じょせい》がケージを開《あ》けた。服部先生《はっとりせんせい》が両手《りょうて》を差《さ》しだすと、ネコはおとなしくからだをあずけて、だっこされた。

先生《せんせい》は、診察台《しんさつだい》の上《うえ》に、そっとネコをのせた。

「アメリカンショートヘアですね。」

と先生《せんせい》は品種《ひんしゅ》をたしかめる。アメショーとも呼《よ》ばれるこの種類《しゅるい》のネコは、日本《にっぽん》でもとても人気《にんき》がある。うすい灰色《はいいろ》のからだに幾筋《いくすじ》もの黒《くろ》い線《せん》が、美《うつく》しい。

「メイっていいます。十歳《さい》の女《おんな》の子《こ》です。」

と飼《か》い主《ぬし》の女性《じょせい》は答《こた》えた。

「じゃあメイちゃん、ちょっと診《み》てみようね。」

服部先生《はっとりせんせい》は、やさしくいい、いつものように、ネコのからだをさわりはじめる。これを「触診《しょくしん》」という。

目《め》、耳《みみ》、おなか、足《あし》……。

からだに異状《いじょう》があれば、触診《しょくしん》でわかることもある。

つぎは聴診器《ちょうしんき》。人間《にんげん》とおなじだ。これで心臓《しんぞう》の音《おと》を聞《き》く。

ドック、ドック、ドック、ドック……。

ネコの脈拍《みゃくはく》は人間《にんげん》よりも速《はや》い。

心臓《しんぞう》が全身《ぜんしん》に血《ち》を送《おく》り出《だ》す音《おと》が、規則正《きそくただ》しく聞《き》こえてくる。

……いまのところ、悪《わる》いところは見《み》あたらない。

「どうしましたか?」

「近所《きんじょ》の病院《びょういん》では、ガンだといわれました……。」

飼《か》い主《ぬし》さんの声《こえ》は少《すこ》しふるえているようだった。

人間《にんげん》にとってガンは深刻《しんこく》な病気《びょうき》だ。同《おな》じ生《い》き物《もの》である、ネコやイヌにもガンはできる。

「口《くち》のなかなんです……治療《ちりょう》はむずかしいっ

て。」

「どんな検査《けんさ》をしました？」

「とくに検査《けんさ》は……その先生《せんせい》は安楽死《あんらくし》しかないだろうって――。」

すでに診察《しんさつ》を受《う》けた病院《びょういん》で、飼《か》い主《ぬし》さんが獣医《じゅうい》さんに告《つ》げられた言葉《ことば》が――安楽死《あんらくし》。

安楽死《あんらくし》とは、病気《びょうき》がよくなる見《み》こみのない動物《どうぶつ》に、これ以上《いじょう》痛《いた》みや苦《くる》しみをあたえないために、人間《にんげん》の手《て》で、「安《やす》らかに」死《し》なせてやることをいう。多《おお》くの場合《ばあい》、獣医《じゅうい》が注射《ちゅうしゃ》をしてそれを実行《じっこう》するのだけれど、自分《じぶん》が飼《か》ってきたペットを安楽死《あんらくし》させるかどうかを決《き》めるのは……飼《か》い主《ぬし》だ。

（わたしたちが、この子《こ》のいのちの終《お》わりを決《き》めるの？　ほんとうに、希望《きぼう》は一パーセントもないの？）

飼《か》い主《ぬし》さんの家族《かぞく》は全員《ぜんいん》「安楽死《あんらくし》なんて選《えら》べない！」と思《おも》った。

だから、インターネットで調《しら》べて、ネコを専門《せんもん》に診《み》る病院《びょういん》があると知《し》り、わざわざ千葉《ちば》県《けん》から「東京猫医療《とうきょうねこいりょう》センター」をたずねてきたのだった。

服部先生《はっとりせんせい》は、メイの口《くち》のなかの「ガンと思《おも》われる」ものをたしかめる必要《ひつよう》があった。

相手《あいて》が人間《にんげん》なら、

「はい、口《くち》を開《あ》けてください。」

ですむところだが、相手《あいて》がネコだとそうはいかない。はじめて来《き》た場所《ばしょ》で、無理《むり》やり口《くち》をこじ開《あ》けられたりしたら、ネコは恐怖《きょうふ》からパニックを起《お》こしてしまう——。

そのとき、別《べつ》の部屋《へや》でランチを食《た》べていた動物看護師《どうぶつかんごし》さんが入《はい》ってきた。

「先生《せんせい》、保定《ほてい》しましょうか？」

「ああ、たのむよ！」

「保定《ほてい》」とは、診察《しんさつ》するときに、ネコが動《うご》かないように、そのからだをおさえることをいう。力《ちから》ずくでおさえつけると逆効果《ぎゃくこうか》。ネコはおどろきおびえて、あばれてしまうこともある。

うつぶせになっているメイのわきの下《した》に、女性《じょせい》の動物看護師《どうぶつかんごし》さんが、両手《りょうて》をすっと入《い》れた。

メイはすっかり力《ちから》をぬいて、されるがままになっている。彼女《かのじょ》はこの「保定《ほてい》」の名人《めいじん》なのだ。

服部先生《はっとりせんせい》は、メイの口《くち》のなかを、小《ちい》さな懐中電灯《かいちゅうでんとう》で照《て》らした。

（んん？　これはガンかな？）

服部先生《はっとりせんせい》には、どうしてもそうは思《おも》えなかった。

「くわしく検査《けんさ》をするために、患部《かんぶ》の組織《そしき》を一部《いちぶ》取《と》りましょう。」

と先生《せんせい》は飼《か》い主《ぬし》さんにいった。

これを「組織生検《そしきせいけん》」という。切《き》りとった細胞《さいぼう》を顕微鏡《けんびきょう》で見《み》て、そこにどんな病気《びょうき》があるのか、つきとめるのだ。

動物看護師《どうぶつかんごし》さんがすぐに麻酔《ますい》の用意《ようい》をした。

服部先生《はっとりせんせい》は、メイの口《くち》のまわりに麻酔《ますい》の注射《ちゅうしゃ》をする。こうすることで、メイは痛《いた》みを感《かん》じなくなるのだ。

そして、専門《せんもん》の器具《きぐ》で、口《くち》のなかの腫《は》れている部分《ぶぶん》からその一部《いちぶ》を切《き》りとり、容器《ようき》におさめた。

「一週間後《しゅうかんご》にまたいらしてください。」

一週間後《しゅうかんご》、飼《か》い主《ぬし》さんとメイは、朝一番《あさいちばん》でやってきた。

「今度《こんど》は道《みち》を間違《まちが》えずにすみました。」

と飼《か》い主《ぬし》さんは、笑顔《えがお》をうかべていったけれど、やはり緊張《きんちょう》しているようだ。

「メイちゃんの口《くち》のなかにできたものは、ガンではありませんでした。」

「ほんとうですか！」

「よくある病気《びょうき》ではないのですが、『炎症性肉芽腫《えんしょうせいにくがしゅ》』という病気《びょうき》です。」

「手術《しゅじゅつ》をするんですか？」

「いいえ。」

服部先生《はっとりせんせい》は、飼《か》い主《ぬし》さんが理解《りかい》しやすいように、ゆっくりと治療《ちりょう》のための薬《くすり》とその効果《こうか》を説明《せつめい》した。

「ステロイドというお薬《くすり》があるので、それを飲《の》ませて炎症《えんしょう》をおさえましょう。」

飼《か》い主《ぬし》さんは安心《あんしん》したようにうなずいた。

名医《めいい》の条件《じょうけん》

メイの病気《びょうき》は、ステロイドを飲《の》むことですっかり治《なお》った。二か月《げつ》ほどで口《くち》のなかはもとどおりきれいになった。

手術《しゅじゅつ》さえしないで、治《なお》ったのだ。

最初《さいしょ》の病院《びょういん》では、「ガン」であり、「治療《ちりょう》がむずかしいから安楽死《あんらくし》しかない。」といわれたのに——。

メイは、それから五年《ねん》生《い》きて、家族《かぞく》からたくさんの愛情《あいじょう》をうけながら、十五歳《さい》で天国《てんごく》に旅立《たびだ》った。

もしも飼《か》い主《ぬし》さんが、最初《さいしょ》の病院《びょういん》の診断《しんだん》を信《しん》じてしまっていたら、残《のこ》りの五年間《ねんかん》の「メイとの幸《しあわ》せな時間《じかん》」はおとずれなかったことになる。

服部先生《はっとりせんせい》は、なぜ最初《さいしょ》に、「ガンではないかもしれない。」と思《おも》ったのだろう？

「それは、ぼくがたくさんのネコを診《み》てきたからだと思《おも》いますよ。」

と服部先生《はっとりせんせい》はいう。

ふつう、動物病院《どうぶつびょういん》の患者《かんじゃ》はイヌがいちばん多《おお》く、ネコの三倍《ばい》くらい。それほど多《おお》くはないけれど、ウサギやフェレットやカメなど、ほかの動物《どうぶつ》もいる。

服部先生《はっとりせんせい》の病院《びょういん》「東京猫医療《とうきょうねこいりょう》センター」の患者《かんじゃ》は、百パーセントがネコ。服部先生《はっとりせんせい》は、ほかの獣医《じゅうい》さんよりも、ずっと多《おお》くのネコの病気《びょうき》と向《む》きあってきた。

「病気《びょうき》」のことを専門用語《せんもんようご》では、「症例《しょうれい》」という。

服部先生《はっとりせんせい》は、ネコの症例《しょうれい》をたくさん診《み》てきたので、「これは本当《ほんとう》にガンだろうか。」と疑問《ぎもん》を持《も》つことができたのだ。

そして、たくさんの症例《しょうれい》を知《し》っているからといってすぐに病名《びょうめい》を決《き》めず、きちんと検査《けんさ》をする。さらにそこから病名《びょうめい》をつきとめ、手術《しゅじゅつ》をするのか薬《くすり》で治《なお》すのか、治療方針《ちりょうほうしん》を決《き》めていく。それが、服部先生《はっとりせんせい》の考《かんが》えるお医者《いしゃ》さんの仕事《しごと》だ。

「かつては、獣医《じゅうい》さんの経験《けいけん》とカンで治療《ちりょう》するケースも多《おお》かったかもしれませんね。」

と服部先生《はっとりせんせい》はいう。

患者《かんじゃ》を診《み》ただけでピタリと病気《びょうき》をいいあてる――それが名医《めいい》だ！　というイメージを持《も》

つ人《ひと》もいるかもしれない。

けれどそれは、機械《きかい》による検査《けんさ》があまりなかったころの話《はなし》。

人間《にんげん》の医療《いりょう》が進歩《しんぽ》してきているように、動物《どうぶつ》の治療《ちりょう》にも、最新《さいしん》の機械《きかい》が使《つか》われている。

「よくある病気《びょうき》なら、獣医《じゅうい》さんの経験《けいけん》から判断《はんだん》ができる場合《ばあい》も多《おお》いと思《おも》います。だけど、機械《きかい》を使《つか》った検査《けんさ》をすると、より正《ただ》しく病気《びょうき》を診断《しんだん》することができるんです。」

もちろん、機械《きかい》が病名《びょうめい》を教《おし》えてくれるわけではない。

検査《けんさ》をしたうえで、「じゃあこの病気《びょうき》だな。」と判断《はんだん》をするのは、やっぱり人間《にんげん》、獣医《じゅうい》さんなのだ。

「検査《けんさ》から、病気《びょうき》を読《よ》みとるにも、経験《けいけん》がものをいいます。あまり検査《けんさ》をやってこなかった人《ひと》には、それがむずかしい。さまざまな検査《けんさ》をやってきた獣医《じゅうい》さんは、いま目《め》の前《まえ》にいる『患者《かんじゃ》さん』にどんな検査《けんさ》をすればよいのか、それがわかってると思《おも》いますね。」

つまり、ほんとうの名医《めいい》とは、診断《しんだん》や治療《ちりょう》のために必要《ひつよう》な検査《けんさ》だけをえらべる獣医《じゅうい》さん、といえるのかもしれない。

東京《とうきょう》猫医療《ねこいりょう》センターってどんなところ？

ドアの奥《おく》にドア！
ネコが逃《に》げない
ための工夫《くふう》だ。

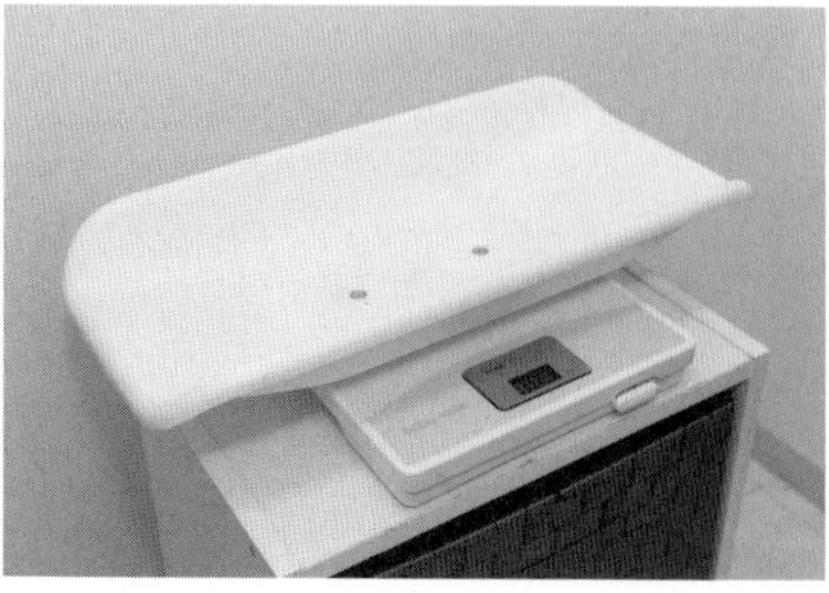

ネコの体重《たいじゅう》は、人《ひと》の赤《あか》ちゃんとおなじくらい。
だから人《ひと》の赤《あか》ちゃん用《よう》の体重計《たいじゅうけい》を使《つか》っているんだ！

東京猫医療《とうきょうねこいりょう》センターへようこそ

服部先生《はっとりせんせい》が院長《いんちょう》をつとめる「東京猫医療《とうきょうねこいりょう》センター」は、東京《とうきょう》の江東区《こうとうく》、地下鉄《ちかてつ》の森下駅《もりしたえき》から徒歩《とほ》一分《ぷん》のところにある。

ネコ専門《せんもん》の病院《びょういん》をここに建《た》てようと決《き》めた理由《りゆう》は、服部先生《はっとりせんせい》が、この地区《ちく》の下町《したまち》の雰囲《ふんい》気《き》が好《す》きだったこと。そして東京《とうきょう》より遠《とお》いところから来《く》る飼《か》い主《ぬし》さんが通《かよ》いやすいように、少《すこ》しでも東京駅《とうきょうえき》から来《き》やすい場所《ばしょ》がいい、と思《おも》ったからだった。

東京猫医療《とうきょうねこいりょう》センターの診療時間《しんりょうじかん》は、午前《ごぜん》は九時《じ》から十二時《じ》まで。午後《ごご》は四時《じ》からはじまって七時《じ》まで。十二時《じ》から四時《じ》までのあいだには、手術《しゅじゅつ》を行《おこな》うことが多《おお》い。

平日《へいじつ》に仕事《しごと》をしていて病院《びょういん》に来《こ》られない飼《か》い主《ぬし》さんのために、週末《しゅうまつ》も診療《しんりょう》している。

休診《きゅうしん》は水曜日《すいようび》だけ。それも、獣医《じゅうい》さんたちの勉強会《べんきょうかい》や発表会《はっぴょうかい》が入《はい》って、服部先生《はっとりせんせい》は休《やす》めないことが多《おお》い。

一日《にち》の患者《かんじゃ》の数《かず》は、平日《へいじつ》が四十～五十。土曜日曜《どようにちよう》になると、六十～八十。

院長《いんちょう》の服部先生《はっとりせんせい》をふくめ四人《にん》の獣医《じゅうい》さんと、そしてそれを助《たす》ける四人《にん》の動物看護師《どうぶつかんごし》さんが、いつも、いそがしく立《た》ち働《はたら》いている。

一階《かい》は広《ひろ》い待合室《まちあいしつ》。受付《うけつけ》をぐるりと囲《かこ》むように長《なが》イスが配置《はいち》された、おちついた空間《くうかん》だ。

とうぜんのことだけれど、飼《か》い主《ぬし》さんが連《つ》れてきているのは、ネコばっかり！

一度《いちど》でも動物病院《どうぶつびょういん》に行《い》ったことがある人《ひと》なら、わかるかもしれないけれど、ふつう、待合室《まちあいしつ》と診察室《しんさつしつ》は同《おな》じフロアにある。でもこの病院《びょういん》の診察室《しんさつしつ》は、二階《かい》。

飼《か》い主《ぬし》さんやネコたちが、リラックスしながら待《ま》ち時間《じかん》をすごせるようにと考《かんが》えた服部《はっとり》先生《せんせい》が、待合室《まちあいしつ》と診察室《しんさつしつ》を一階《かい》と二階《かい》にわけたのだ。じっさい、飼《か》い主《ぬし》さんたちは、おちついた表情《ひょうじょう》で診察《しんさつ》を待《ま》っている。

二階《かい》には、三つの診察室《しんさつしつ》とその奥《おく》にネコたちの手《て》あてをする処置室《しょちしつ》、検査室《けんさしつ》がある。

診察室《しんさつしつ》にある診察台《しんさつだい》は、学習机《がくしゅうづくえ》よりも小《ち》さなスペース。

ふつうの動物病院《どうぶつびょういん》の診察台《しんさつだい》の半分《はんぶん》ぐらい。それもそのはず、ここにはネコしかおとずれないから、この広《ひろ》さで十分《じゅうぶん》なのだ。

東京猫医療《とうきょうねこいりょう》センターには三階《がい》もある。

ここには、レントゲン室《しつ》と手術室《しゅじゅつしつ》がある。手術台《しゅじゅつだい》を照《て》らす大《おお》きなライト。また壁《かべ》にそって、大《おお》きな機械《きかい》がいくつか配置《はいち》されている。

手術《しゅじゅつ》が終《お》わったネコたちは、何段《なんだん》かに仕切《しき》られたケージタイプの「入院室《にゅういんしつ》」で回復《かいふく》を待《ま》つ。

またここには、ペットホテルもあり、ケージタイプが苦手《にがて》なネコは、自分《じぶん》のお気《き》に入《い》りの毛布《もうふ》やおもちゃを持《も》ってきて、個室《こしつ》タイプの部屋《へや》に泊《と》まれるようになっている。

ネコのためだけに設計《せっけい》された建物《たてもの》、東京猫医療《とうきょうねこいりょう》センター。

ここは、「ネコを専門《せんもん》に診《み》る獣医《じゅうい》になりたい。」という服部先生《はっとりせんせい》の夢《ゆめ》を実現《じつげん》した場所《ばしょ》なのである。

そして、ネコの専門病院《せんもんびょういん》は、ネコたちにとっても飼《か》い主《ぬし》さんにとっても、特別《とくべつ》な意味合《いみあ》いを持《も》つ。

そもそもネコは、とてもデリケートな動物《どうぶつ》。移動用《いどうよう》のせまいケージに入《い》れられるだけで

東京《とうきょう》猫医療《ねこいりょう》センターってどんなところ?

ネコたちが入院中《にゅういんちゅう》のケージ(右《みぎ》)。
ペットホテルにも
泊《と》まることができる(下《した》)。

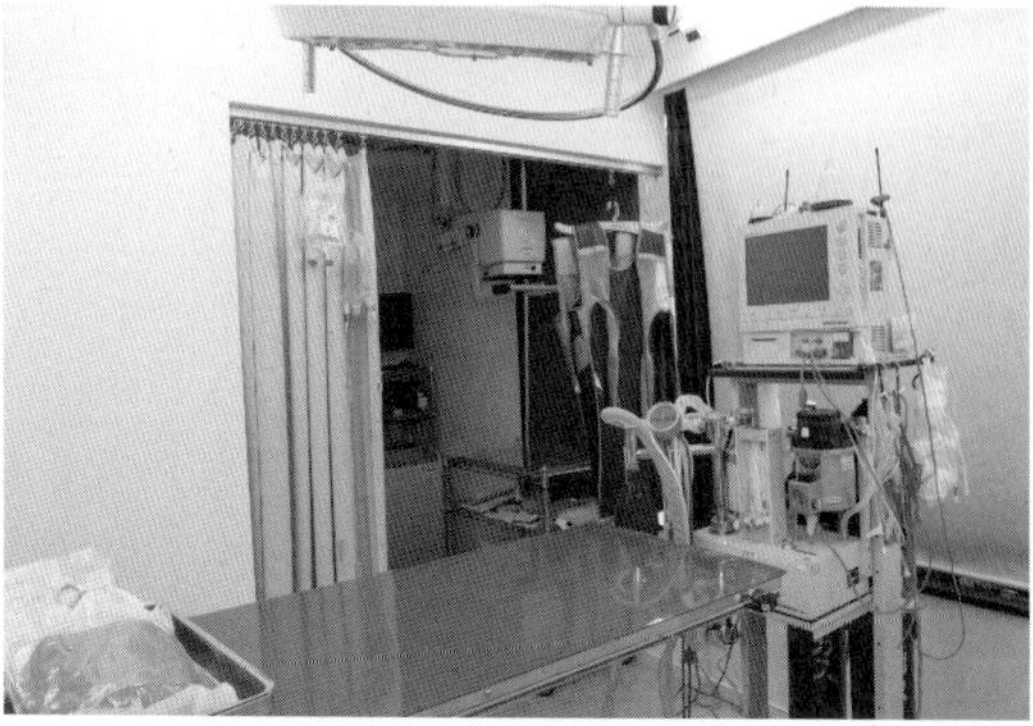

手術室《しゅじゅつしつ》に入《はい》ると、緊張感《きんちょうかん》につつまれる。
年間《ねんかん》100件以上《けんいじょう》の手術《しゅじゅつ》をここで行《おこな》っている。

もすごくストレスを感《かん》じてしまう。おまけに到着《とうちゃく》した動物病院《どうぶつびょういん》の待合室《まちあいしつ》に、いままで見《み》たこともない、いろんなイヌがあふれていたら……ネコは緊張《きんちょう》のあまり、ひどくおびえてかたまってしまったり、逆《ぎゃく》に逃《に》げたりあばれたりすることもある。連《つ》れてくる飼《か》い主《ぬし》さんも、とても気《き》づかれするので、

「動物病院《どうぶつびょういん》はもういいわ……。」

と、来《く》るのがいやになってしまうかもしれない。

もし獣医《じゅうい》さんや動物看護師《どうぶつかんごし》さんがネコの専門家《せんもんか》だったら、飼《か》い主《ぬし》さんも、安心《あんしん》してネコを連《つ》れてくることができる。

「ネコが来《き》やすい病院《びょういん》にすれば、病気《びょうき》を早《はや》く見《み》つけて、そのぶん治療《ちりょう》も早《はや》くはじめられると思《おも》ったんです。」

と服部先生《はっとりせんせい》はいう。

専門病院《せんもんびょういん》がもとめられる理由《りゆう》は、もうひとつある。それは、ペットとして飼《か》われるネコの環境《かんきょう》の変化《へんか》と大《おお》きく関《かか》わっている。

昔《むかし》は、外《そと》に出《だ》しっぱなしで、エサと水《みず》だけをあげる、という飼《か》い方《かた》もめずらしくなかった。

半分《はんぶん》ノラネコみたいなくらしだから、「半《はん》ノラ」なんて呼《よ》ばれていた。

「人《ひと》とネコとの関係《かんけい》が、ゆるかったから、ネコの病気《びょうき》に人間《にんげん》が責任《せきにん》を持《も》つ、って考《かんが》え方《かた》もありませんでした。ネコは、自分《じぶん》の死《し》にぎわを見《み》せたがらないので、『最近《さいきん》よりつかないけど、どこかで死《し》んじゃったのかな。』で終《お》わったりね。」

けれど、人間《にんげん》の家族《かぞく》のなかで、イヌやネコなどペットがかけがえのない存在《そんざい》になっていくにつれて、家《いえ》のなかでネコを飼《か》うこともあたりまえのことになってきた。

「ノラネコや半《はん》ノラは、ネコ同士《どうし》のケンカに巻《ま》きこまれたり、事故《じこ》にあったり、感染症《かんせんしょう》にかかったりで、十歳《さい》まで生《い》きるネコは、まれでした。でも室内飼《しつないが》いのネコは、ケンカや事《じ》故《こ》もないから、長生《ながい》きをする。十五歳以上《さいいじょう》生《い》きるネコもめずらしくなくなりました。長生《ながい》きをしたらしたで、肥満《ひまん》や老化《ろうか》からくる病気《びょうき》が増《ふ》えてくるんです。」

と先生《せんせい》はいう。

それはまるで、人間《にんげん》とおなじだ。

医療《いりょう》が発達《はったつ》して、さまざまな病気《びょうき》を治《なお》す薬《くすり》ができ、人《ひと》の寿命《じゅみょう》はとても長《なが》くなった。けれど、それにともなって、生活習慣病《せいかつしゅうかんびょう》やガンなどの病気《びょうき》が深刻《しんこく》になっている。

「ネコの病気《びょうき》も研究《けんきゅう》がすすんで、治療法《ちりょうほう》がたくさん見《み》つかってきてるんですよね。日々《ひび》勉強《きょう》して治療《ちりょう》していくには、ネコだけに向《む》きあっていかないと、ダメだって思《おも》ったんですよ。」

服部先生《はっとりせんせい》は、一般的《いっぱんてき》な動物病院《どうぶつびょういん》につとめていたときからこういう考《かんが》えを持《も》つようになり、「ネコの専門医《せんもんい》」になろうと決《き》めた。そして、日本《にっぽん》でもまだ少《すく》ない「一種類《しゅるい》の動物《どうぶつ》だけを診《み》る」東京猫医療《とうきょうねこいりょう》センターを誕生《たんじょう》させたのだった。

おしりがたいへん!?

ある日《ひ》の処置室《しょちしつ》——。

診察台《しんさつだい》の上《うえ》に、一匹《ぴき》のネコが保定《ほてい》されていた。

「なんだか、おしりがすっごく気《き》になってるみたいです。」

と飼《か》い主《ぬし》さんが連《つ》れてきた子《こ》だ。

三歳《さい》の雑種《ざっしゅ》のメスネコ。「人《ひと》が大好《だいす》き!」って感《かん》じで、病院《びょういん》のスタッフにも「ねえ、あそぼあそぼ。」となついてくる。お茶目《ちゃめ》な女《おんな》の子《こ》なのに、家《いえ》では床《ゆか》に、おしりをこすりつけたりするのだという。

どんな病気《びょうき》なんだろう……。

「いまから、肛門《こうもん》しぼりをやります。」

と服部先生《はっとりせんせい》。

え？　肛門《こうもん》をしぼる⁉

ネコの肛門《こうもん》の左右《さゆう》には、「肛門腺《こうもんせん》」というのがあって、そこには、とってもくさーい液体《えきたい》が入《はい》っている。

ふつう、その液体《えきたい》は、ネコがうんちをするときに、いっしょに外《そと》に出《で》る。液体《えきたい》がとてもにおうのは、それで、なわばりをしめすためだ。においは、ネコ同士《どうし》のコミュニケーションにも使《つか》われている。

「アタシ、ここにいるわよ！」

というサインのようなもの。

ときに液体《えきたい》が外《そと》に出《で》ないで肛門腺《こうもんせん》がつまってしまうと、ネコは気持《きも》ち悪《わる》くなっておしりをなめたり、床《ゆか》にこすりつけたりする。

そこで肛門《こうもん》しぼり。人間《にんげん》の手《て》で、その液体《えきたい》を出《だ》してやらなくてはならない。

このネコの飼《か》い主《ぬし》さんは、そういう「ネコの事情《じじょう》」を知《し》らずに、病院《びょういん》に連《つ》れてきたのだ。うちでやろうとしてネコがいやがる場合《ばあい》は、もちろん、病院《びょういん》でやってもらうことができる。

病気《びょうき》じゃなかったんだ……。

「いえ、肛門腺《こうもんせん》がつまったままにしておくと、破裂《はれつ》して化膿《かのう》する場合《ばあい》もあるんです。そのときは手術《しゅじゅつ》をしないといけなくなります。」

と先生《せんせい》。

じゃあ、このネコは、飼《か》い主《ぬし》さんに連《つ》れてきてもらって、とてもラッキーだった。

動物看護師《どうぶつかんごし》さんが、ネコのしっぽをまっすぐあげた。

服部先生《はっとりせんせい》が、肛門《こうもん》の左右《さゆう》にぎゅっと指《ゆび》をおしあてる。

そして、肛門《こうもん》から出《で》てきた茶色《ちゃいろ》い液体《えきたい》を、清潔《せいけつ》な紙《かみ》でふきとる。これで終了《しゅうりょう》。

うーん、ほんとだ、くさい！

でも保定《ほてい》されたネコは、とてもおとなしくしている。

気持《きも》ちよいのかな？　すっきりしたのかな？

きょうから、おしりがむずむずしないですむね。

たいせつな手術《しゅじゅつ》

ある日《ひ》の診察室《しんさつしつ》——。

服部先生《はっとりせんせい》は、ネコのおなかの下《した》あたりを触診《しょくしん》していた。

「……？」

「先生《せんせい》、なにか異常《いじょう》が？」

「例《れい》のやつがないんだ。潜在精巣《せんざいせいそう》のようだな。」

潜在精巣《せんざいせいそう》とは、睾丸《こうがん》、つまりタマタマが、陰嚢《いんのう》という場所《ばしょ》にあるべきなのに、見《み》つからない、という意味《いみ》だ。

ほんとうなら、睾丸《こうがん》は生後《せいご》三十日《にち》ぐらいで陰嚢《いんのう》におりてくるものなのだけど、たまにお

りきっていない場合《ばあい》がある。それが潜在精巣《せんざいせいそう》。

「超音波《ちょうおんぱ》。」

「はい。」

先生《せんせい》は、急《いそ》いで、超音波検査《ちょうおんぱけんさ》をし、タマタマのある場所《ばしょ》を確認《かくにん》した――。

それは、手術《しゅじゅつ》のまえにきちんと検査《けんさ》をしたおかげで、発見《はっけん》することができた異常《いじょう》だった。


いまからはじまるのは、「去勢手術《きょせいしゅじゅつ》」だ。

去勢《きょせい》、ということばはちょっとむずかしい。

ネコにも、生殖機能《せいしょくきのう》、つまり、子《こ》どもをつくるしくみが、からだのなかにそなわっている。

メスだったら、子宮《しきゅう》や卵巣《らんそう》。オスだったら、精巣《せいそう》。

去勢《きょせい》とは、オスネコの生殖機能《せいしょくきのう》を取《と》りさってしまうことだ。

そもそも、ネコは生《う》まれてどれぐらいで、大人《おとな》になるのだろう。子《こ》どもがつくれるようになるのは何歳《なんさい》くらいなのだろうか？

「最初《さいしょ》の発情期《はつじょうき》は、生《う》まれて、五か月《げつ》から六か月《げつ》ですね。」

発情期《はつじょうき》？　このことばもむずかしい。

メスとオスが、「ねえ、なかよくしようよ。」とモーレツにさそいあうこと、といえばよいだろうか。

でもそれは、人間《にんげん》の「好《す》きになっちゃったー。」という感情《かんじょう》とは、ちがうものだ。「感情《かんじょう》」ではなく「本能《ほんのう》」。

動物《どうぶつ》にはみな、本能《ほんのう》、つまり生《う》まれたときからそなわった行動《こうどう》パターンがあるのだ。子《こ》どもをつくる、それは子孫《しそん》を残《のこ》す、ということ。そのための行動《こうどう》は、本能《ほんのう》のひとつ。

ネコという種《しゅ》を絶《た》えさせないために、発情《はつじょう》して、オスとメスは交尾《こうび》する。

発情期《はつじょうき》に、オスネコならば、部屋《へや》の家具《かぐ》やかべなどにおしっこをする。これを「スプレー行動《こうどう》」という。また、かん高《だか》く太《ふと》い声《こえ》で鳴《な》いたりもする。

メスネコも、やはり、かん高《だか》い声《こえ》で鳴《な》いたり、おなかを見《み》せてクネクネしたり、自分《じぶん》の頭《あたま》や首《くび》を人《ひと》やものに、やたらにこすりつけるようになる。

もし、身近《みぢか》なネコがそんな行動《こうどう》を見《み》せたら、発情期《はつじょうき》に入《はい》ったサインだ。

メスネコは、年《ねん》に数回発情期《すうかいはつじょうき》をむかえる、といわれている。

メスが発情期《はつじょうき》をむかえると、近《ちか》くにいるオスも発情期《はつじょうき》になる。

避妊《ひにん》・去勢手術《きょせいしゅじゅつ》は、最初《さいしょ》の発情期《はつじょうき》がくる前《まえ》に、行《おこな》ったほうがよい。なぜなら、いったん発情期《はつじょうき》をむかえてしまうと、そのあと去勢手術《きょせいしゅじゅつ》をしてもスプレー行動《こうどう》がとまらない場合《ばあい》があるからだ。それに、スプレー行動《こうどう》がはじまったら、いっしょにくらす人間《にんげん》もたいへんだ。ずっとかん高《だか》い鳴《な》き声《ごえ》を聞《き》かされて、睡眠不足《すいみんぶそく》になってしまうかもしれない。

もし、避妊《ひにん》・去勢手術《きょせいしゅじゅつ》をしないまま、オスネコとメスネコが交尾《こうび》をしたら、どうなるのか？

メスネコはほぼ百パーセント妊娠《にんしん》し、やがて赤《あか》ちゃんが生《う》まれる。ネコの場合《ばあい》、一度《いちど》に二匹《ひき》から六匹《ぴき》生《う》まれる。もし飼《か》っているネコが赤《あか》ちゃんを産《う》み、その赤《あか》ちゃんすべてを飼《か》い主《ぬし》さんが育《そだ》てる、というならいいのだけど……。

また、赤《あか》ちゃんをもらってくれる人《ひと》を見《み》つけられるのなら、それでもいい。人間《にんげん》が責任《せきにん》を持《も》って、新《あたら》しいいのちのお世話《せわ》をするのであれば、ネコの交尾《こうび》を見守《みまも》ってもいいが、それができないのなら、交尾《こうび》はさせるべきではない。

では、手術《しゅじゅつ》をしないで、交尾《こうび》もさせないようにしたらどうなるのだろう？

「発情期《はつじょうき》をむかえたネコは、交尾《こうび》をしてやっとおちつくのです。交尾《こうび》ができなかったら、とてもストレスを感《かん》じてしまいます。子《こ》ネコのからだにメスを入《い》れるのはかわいそう、という飼《か》い主《ぬし》さんがいますが、ストレスをかかえさせたままにしておくほうが、よほどかわいそうだと思《おも》いますよ。」

と服部先生《はっとりせんせい》。

つまり、避妊《ひにん》・去勢手術《きょせいしゅじゅつ》をする第一《だいい》の理由《りゆう》は、むやみに赤《あか》ちゃんを増《ふ》やさないため。そしてネコたちを、発情期《はつじょうき》によるストレスから解放《かいほう》してやるため、なのだ。

去勢手術《きょせいしゅじゅつ》を行《おこな》うと、オスネコはどう変《か》わるのか？

「まず、スプレー行動《こうどう》はぐっと少《すく》なくなりますね。ほかのネコとのケンカも減《へ》ってくる。発情《はつじょう》しないので、とても気持《きも》ちがおちついてくる。メスネコの場合《ばあい》は、『避妊手術《ひにんしゅじゅつ》』といって、子宮《しきゅう》と卵巣《らんそう》を取《と》るんですが、手術後《しゅじゅつご》はやはり発情行動《はつじょうこうどう》がなくなり、気持《きも》ちがおちついてきます。」

また、避妊《ひにん》・去勢手術《きょせいしゅじゅつ》をすると、卵巣腫瘍《らんそうしゅよう》や乳《にゅう》ガン、また前立腺肥大《ぜんりつせんひだい》など、ホルモンに関係《かんけい》する病気《びょうき》にかかりにくくなる、というメリットもある。

検査《けんさ》がおわり、去勢手術《きょせいしゅじゅつ》を受《う》けるネコが、手術台《しゅじゅつだい》の上《うえ》に、あおむけに寝《ね》かされている。

全身麻酔《ぜんしんますい》がかけられ、まるでぐっすり眠《ねむ》っているかのよう。

服部先生《はっとりせんせい》が手術《しゅじゅつ》するかたわらで、もうひとりの先生《せんせい》が機械《きかい》にあらわれる心拍数《しんぱくすう》や血圧《けつあつ》の数字《すうじ》をしっかり見《み》つめている。そして手術《しゅじゅつ》の補助《ほじょ》をする動物看護師《どうぶつかんごし》さんも待機《たいき》している。

獣医《じゅうい》さんも動物看護師《どうぶつかんごし》さんも、真剣《しんけん》そのもの。

服部先生《はっとりせんせい》は、いつもと変《か》わらぬ落《お》ちついた手《て》さばきで、ネコのおなかにメスを入《い》れた

――。

超音波《ちょうおんぱ》の画像《がぞう》にあった潜在精巣《せんざいせいそう》を探《さが》しあて、無事《ぶじ》にそれを切《き》りとる。

最後《さいご》に、縫合《ほうごう》、メスを入《い》れた場所《ばしょ》を縫《ぬ》いあわせる作業《さぎょう》をして、手術《しゅじゅつ》は終《お》わりだ。

みんなの顔《かお》に安心《あんしん》した表情《ひょうじょう》がうかぶ。

去勢手術《きょせいしゅじゅつ》はふつう、五分《ふん》から十分程度《ぷんていど》で終了《しゅうりょう》する。

けれど、どんなに短《みじか》い時間《じかん》の手術《しゅじゅつ》であっても、ネコのいのちをあずかっている時間《じかん》だ。

なれた手術《しゅじゅつ》であっても、今回《こんかい》のように思《おも》いがけないことは起《お》こる。そのときに、いかに冷静《れいせい》に判断《はんだん》し行動《こうどう》するかが、大事《だいじ》なのだ。

まだ麻酔《ますい》からさめないネコをだっこし、やわらかい毛布《もうふ》の上《うえ》に寝《ね》かせる動物看護師《どうぶつかんごし》さんのすがたは、まるで赤《あか》ちゃんを抱《だ》いたお母《かあ》さんのように見《み》える……。

服部先生《はっとりせんせい》を中心《ちゅうしん》に、スタッフの人《ひと》たちが心《こころ》を合《あ》わせて、患者《かんじゃ》であるネコ一匹《ぴき》一匹《ぴき》に向《む》きあっている——そのすがたは真剣《しんけん》さとやさしさにあふれている。

チームワーク。動物病院《どうぶつびょういん》という場《ば》でも、それがとてもたいせつだ。


麻酔《ますい》からさめたネコを、そっとケージに入《い》れる。

「手術《しゅじゅつ》は、ぶじに終《お》わりました。ただ手術《しゅじゅつ》をしたあとは、ホルモンのバランスが変《か》わるので、メスもオスも太《ふと》りやすくなるんですよ。飼《か》い主《ぬし》さんが、じゅうぶん体重《たいじゅう》の管理《かんり》をしてあげてくださいね。」

服部先生《はっとりせんせい》の言葉《ことば》をかみしめるように聞《き》いて、飼《か》い主《ぬし》さんは帰《かえ》っていった。

そのうでに、つつみこむようにネコを抱《だ》きながら……。

獣医《じゅうい》さんもチームワークが大事《だいじ》！

「東京猫医療《とうきょうねこいりょう》センター」がひとつの船《ふね》だとしたら、もちろん、その船長《せんちょう》は、服部先生《はっとりせんせい》だ。そして操縦士《そうじゅうし》や機関士《きかんし》の役割《やくわり》をはたすのが、ほかのスタッフたち。どんな人《ひと》たちが、働《はたら》いているのだろう。おふたりに話《はなし》を聞《き》いてみた。

　ひとり目《め》は、若《わか》い獣医《じゅうい》の矢沢佑香《やざわゆうか》さん。からだじゅうからエネルギーがあふれるような、活発《かっぱつ》な印象《いんしょう》の女性《じょせい》だ。佑香《ゆうか》さんは、いつから獣医《じゅうい》になりたいと思《おも》っていたのだろう。

「生《う》まれた家《いえ》には、すでにネコがいて。小《ちい》さいころからなんとなく、『ネコの先生《せんせい》になれたらいいなあ。』って思《おも》ってました。」

　ネコのお医者《いしゃ》さんに――まさに子《こ》どものころの夢《ゆめ》をかなえた佑香《ゆうか》さん。じっさいにネコ専門病院《せんもんびょういん》で働《はたら》いてみて思《おも》ったことはなんだろう？

「ふつうの犬猫病院《いぬねこびょういん》の場合《ばあい》だと……待合室《まちあいしつ》にイヌがたくさんいたりして、ネコがおびえてパニックになって、検査《けんさ》もできない場合《ばあい》があるんですよね。でもこの病院《びょういん》だったら、ネコしかいないですし、スタッフはネコの扱《あつか》い方《かた》がじょうずになるからちゃんと検査《けんさ》ができるんですよ。先生《せんせい》も動物看護《どうぶつかんご》師《し》さんも、ネコの専門家《せんもんか》だから、たとえばほかの病《びょう》院《いん》であばれてしまって診察《しんさつ》ができなかったり、むずかしい病気《びょうき》で治療《ちりょう》をことわられたネコでも、くわしく診《み》ることができます。」

ネコのスペシャリストを目指《めざ》す佑香《ゆうか》さんにとっては、いろんな症例《しょうれい》が勉強《べんきょう》できて、毎日《まいにち》の仕事《しごと》が、とても充実《じゅうじつ》しているという。

佑香《ゆうか》さんから見《み》て、服部先生《はっとりせんせい》はどんな獣医《じゅうい》さん？

「服部先生《はっとりせんせい》はいつも、『飼《か》い主《ぬし》さんとのコミュニケーションがたいせつ。』とおっしゃっていて、そ

動物《どうぶつ》のお医者《いしゃ》さんになるには資格《しかく》が必要《ひつよう》！

大学《だいがく》の獣医学科《じゅういがっか》で勉強《べんきょう》

↓ 獣医学科《じゅういがっか》では、6年間勉強《ねんかんべんきょう》するよ！

獣医師国家試験《じゅういしこっかしけん》

↓ 合格《ごうかく》すると、獣医師《じゅういし》の免許《めんきょ》がもらえる。

動物病院《どうぶつびょういん》などに就職《しゅうしょく》

れを実践《じっせん》しているところがすごいなあって思《おも》います。ネコは話《はな》せないので、飼《か》い主《ぬし》さんから『聞《き》きだす力《ちから》』が大事《だいじ》なんですよね。飼《か》いネコの最近《さいきん》のようすはどうなのか、できるだけくわしく話《はな》してもらう。話《はなし》がしやすい雰囲気《ふんいき》をつくることがたいせつですよね。」

飼《か》い主《ぬし》さんのなかには、病気《びょうき》のことをよく勉強《べんきょう》している人《ひと》もいる。

ただインターネットで調《しら》べてきたことがぜんぶ正《ただ》しいかというと、そうではない。

「服部先生《はっとりせんせい》は、まちがった情報《じょうほう》を信《しん》じこんでしまっている飼《か》い主《ぬし》さんにも、正《ただ》しい知識《ちしき》をわかりやすく説明《せつめい》してあげてますね。その姿勢《しせい》を学《まな》ばなくちゃいけないなって思《おも》います。」

まだ経験《けいけん》の浅《あさ》い佑香《ゆうか》さん。どんな病気《びょうき》か判断《はんだん》ができないときや、まようときには、ほかのスタッフの力《ちから》を借《か》りることもある。

「服部先生《はっとりせんせい》や先輩《せんぱい》に相談《そうだん》します。ここの病院《びょういん》は、すごく聞《き》きやすい雰囲気《ふんいき》があるんです。それにあまえちゃいけないですけどね（笑）。」

きっと服部先生《はっとりせんせい》のなかに、「自分《じぶん》につづくネコの専門医《せんもんい》が育《そだ》ってほしい。」という思《おも》いがあるのだろう。だからスタッフ同士《どうし》のコミュニケーションをたいせつにし、獣医《じゅうい》さんとしての経験《けいけん》や知識《ちしき》をわけあう空気《くうき》がつくられているのだ。

服部先生《はっとりせんせい》をささえる動物看護師《どうぶつかんごし》さん

動物病院《どうぶつびょういん》にも、人間《にんげん》の病院《びょういん》とおなじように看護師《かんごし》さんがいる。

動物看護師《どうぶつかんごし》の中田真紀《なかたまき》さんは、一見《いっけん》ひかえめだけれど、テキパキとした仕事《しごと》ぶりで、獣医《じゅうい》さんたちにもたよりにされている。

動物看護師《どうぶつかんごし》になるために専門学校《せんもんがっこう》を卒業《そつぎょう》したが、じつはそのあといろんな仕事《しごと》を経験《けいけん》した。

最初《さいしょ》は二十四時間体制《じかんたいせい》の大《おお》きな動物病院《どうぶつびょういん》につとめたけれど、仕事《しごと》があまりにきつくて長《なが》く続《つづ》かなかったのだそうだ。

その後《ご》、事務《じむ》や飲食《いんしょく》の仕事《しごと》にもついた。

「でもやっぱり、動物《どうぶつ》と接《せっ》する仕事《しごと》がしたいなと思《おも》って、服部先生《はっとりせんせい》のもとで働《はたら》くことになりました。」

東京猫医療《とうきょうねこいりょう》センターでは、服部先生《はっとりせんせい》ほかスタッフの働《はたら》きぶりを肌《はだ》で感《かん》じることができて、真紀《まき》さん自《じ》身《しん》も、飼《か》い主《ぬし》さんと顔見知《かおみし》りになり、患者《かんじゃ》のネコたちの性格《せいかく》もわかるようになってきた。そしていま、動物看護師《どうぶつかんごし》の仕事《しごと》にやりがいを感《かん》じはじめている。

「保定《ほてい》、という仕事《しごと》ひとつをとっても奥《おく》が深《ふか》いんです。ネコちゃんのキャラクターとか病気《びょうき》の状態《じょうたい》とかをきちんとわかったうえで、保定《ほてい》のしかたを変《か》えてあげる。ネコちゃんをじょうずに保定《ほてい》できれば、安《あん》全《ぜん》に採血《さいけつ》（血液《けつえき》をとること）ができるし、検査《けんさ》だってスムーズにできますからね。」

仕事中《しごとちゅう》に、ネコにひっかかれたり、かまれたりすることも、たまにある。

でもそれは、ネコがわざとしているのではなく、

獣医《じゅうい》さんを手助《てだす》けする動物看護師《どうぶつかんごし》さん。どうしたらなれるの？

高校《こうこう》

↓

大学《だいがく》や専門学校《せんもんがっこう》で勉強《べんきょう》

↓

動物看護師統一認定試験《どうぶつかんごしとういつにんていしけん》

↓

動物病院《どうぶつびょういん》などに就職《しゅうしょく》

※2018年《ねん》1月時点《がつじてん》では、動物看護師《どうぶつかんごし》になるために資格《しかく》が必《かなら》ずいるわけではありません。

ほかにも民間《みんかん》の資格《しかく》があるよ。

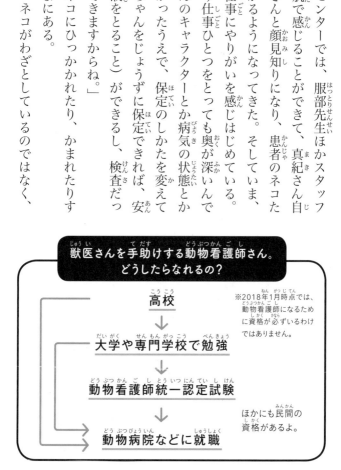

緊張《きんちょう》したりパニックになったりしたのが原因《げんいん》だ。その原因《げんいん》を取《と》りのぞいてあげるように気《き》をくばることが、動物看護師《どうぶつかんごし》としての仕事《しごと》でもある。

この病院《びょういん》には、ときどき、中学生《ちゅうがくせい》や高校生《こうこうせい》が見学《けんがく》にやってくる。みんな「ネコが好《す》き。」「動物病院《どうぶつびょういん》の仕事《しごと》に興味《きょうみ》がある。」、そんな生徒《せいと》たちだ。

でも真紀《まき》さんは、かれら動物好《どうぶつず》きの生徒《せいと》たちの、意外《いがい》なリアクションを目《ま》のあたりにしたことがあった……。

生徒《せいと》の何人《なんにん》かが、「うわっ。」といいながら、顔《かお》をしかめたのだ。

「病院《びょういん》のにおいがダメだったみたいなんです。」

動物病院《どうぶつびょういん》には、いろんなにおいがある。おしっこのにおい、うんちのにおい、それから薬品《やくひん》のにおい。ペットショップなどでネコを見《み》て、「ああ、かわいいな！」という印象《いんしょう》だけを持《も》って病院《びょういん》にやってくると、そのミックスされたにおいに、おどろいてしまう場合《ばあい》もあるのだという。

「においだけの理由《りゆう》で『動物《どうぶつ》を相手《あいて》にする仕事《しごと》は無理《むり》！』って思《おも》っちゃう人《ひと》もいるとしたら、それはとっても残念《ざんねん》だなあって。」

真紀《まき》さんのそのいい方《かた》に、動物看護師《どうぶつかんごし》の仕事《しごと》が好《す》き！　という気持《きも》ちがよくあらわれていた。

「においって、なれますよ。一匹《ぴき》一匹《ぴき》のネコを真剣《しんけん》にお世話《せわ》してたら、わすれちゃうこともあるし。かんたんにあきらめないで、好《す》きなことを大事《だいじ》にして、夢《ゆめ》を追《お》いかけつづけてほしいなーって思《おも》います！」

第《だい》2章《しょう》

ぼくが ネコのお医者《いしゃ》さんに なったわけ

子《こ》どものころから、
生《い》き物《もの》ならなんでも好《す》きだった。

服部幸先生《はっとりゆきせんせい》は、いつも、紺色《こんいろ》の半袖《はんそで》ユニフォームのドクタースタイル。一階《かい》二階《かい》三階《がい》の移動《いどう》は、一段飛《だんと》ばしで階段《かいだん》を上《のぼ》り下《お》りする。まるでエレベーターを待《ま》つ時間《じかん》も、おしむように。けれど、飼《か》い主《ぬし》さんやスタッフと話《はな》すときは、とてもおちついた口調《くちょう》だ。

先生《せんせい》は、どこから見《み》ても活動的《かつどうてき》でたよりがいのある獣医《じゅうい》さんだが、子《こ》どものころはどんな男《おとこ》の子《こ》だったのだろう。いつから、どうして、獣医《じゅうい》さんを目指《めざ》すようになったのだろう……。

動物図鑑《どうぶつずかん》が大好《だいす》き

服部先生《はっとりせんせい》は、愛知県《あいちけん》の生《う》まれ。三人兄弟《にんきょうだい》のいちばん上《うえ》だ。

小学生《しょうがくせい》のころの愛読書《あいどくしょ》は、動物図鑑《どうぶつずかん》。何度《なんど》も何度《なんど》も読《よ》みかえして、気《き》がついたら本《ほん》の角《かど》がすりきれていたほど。それでも大事《だいじ》に読《よ》みつづけて、いつのまにか、中身《なかみ》をぜんぶおぼえてしまった。

生《い》きている動物《どうぶつ》を観察《かんさつ》するのも好《す》きだった。

よく通《かよ》った名古屋《なごや》の東山動植物園《ひがしやまどうしょくぶつえん》には、ネコ科《か》の動物《どうぶつ》がたくさんいた。よく観察《かんさつ》しているうちに、いつのまにかネコへの興味《きょうみ》と愛情《あいじょう》が育《そだ》っていたのかもしれない。

動物園《どうぶつえん》のなかを一日中《いちにちじゅう》歩《ある》きまわってもあきない少年《しょうねん》だったという。

しかし、はじめて飼《か》ったペットは、カメだった！　小学五年生《しょうがくねんせい》のときのことだ。

カメのほかに、イグアナも飼《か》った。多《おお》いときには、ぜんぶで四匹《ひき》ぐらいいたという。生《い》き物《もの》の世話《せわ》やエサやりが、弟《おとうと》や妹《いもうと》とのあそびの時間《じかん》になっていた。

「ぼくはもともと、コミュニケーションがとれない動物《どうぶつ》でも、好《す》きなんですよ。じーっと見《み》てるのが楽《たの》

旅行《りょこう》した奈良《なら》でも、大仏《だいぶつ》よりシカが気《き》になる少年《しょうねん》だった。

しい。」

と服部先生《はっとりせんせい》はいう。

先生《せんせい》のお父《とう》さんも獣医《じゅうい》さんだった。「キャットショー」の審査員《しんさいん》をやっていて、家《いえ》にはネコの本《ほん》がたくさんあった。

「飼《か》ってみたいな。」

という気持《きも》ちはあったけれど、マンションの規則《きそく》でそれはできなかった。

高校《こうこう》のときの部活《ぶかつ》は、陸上部《りくじょうぶ》。短距離《たんきょり》の選手《せんしゅ》だった。

ああ、だから、階段《かいだん》も平気《へいき》で二段跳《だんと》びができるのかな？

まじめな高校生《こうこうせい》だったかというと……授業《じゅぎょう》をひとりで抜《ぬ》けだすこともあった。でも出《で》かける先《さき》はゲームセンターなどではなく、このときもやっぱり動物園《どうぶつえん》だった。

さて、高校《こうこう》を卒業《そつぎょう》した服部先生《はっとりせんせい》は、北里大学《きたさとだいがく》の獣医学部《じゅういがくぶ》に進《すす》んだ。

ふつうの学部《がくぶ》とはちがって、獣医学部《じゅういがくぶ》を卒業《そつぎょう》するには六年《ねん》かかる。実験《じっけん》や実習《じっしゅう》もたくさんあって、いそがしい学生生活《がくせいせいかつ》を送《おく》ることになる。それでも服部先生《はっとりせんせい》は、将来動物《しょうらいどうぶつ》にかかわる仕事《しごと》につきたいと思《おも》っていたから、進路《しんろ》にまよいはなかった。

六年間《ねんかん》、イヌやネコについてじっくり学《まな》んだのだと思《おも》ったら――。

「じつは獣医学部《じゅういがくぶ》は、イヌやネコの医者《いしゃ》だけを教育《きょういく》するところではないんですよ。」

ええっ！

きっと世《よ》のなかのほとんどの人《ひと》が、誤解《ごかい》しているのではないだろうか。

「大学《だいがく》の獣医学部《じゅういがくぶ》は、産業動物《さんぎょうどうぶつ》について学《まな》ぶ科目《かもく》が、とても多《おお》いんです。」

産業動物《さんぎょうどうぶつ》とは――牛《うし》、豚《ぶた》、馬《うま》、鶏《にわとり》など、わたしたちがふだん、食《た》べ物《もの》として口《くち》に入《い》れている動物《どうぶつ》のことだ。

わたしたちが、安心《あんしん》してハンバーグや鶏《とり》のからあげを食《た》べられるのは、食肉用《しょくにくよう》として動《どう》物《ぶつ》を育《そだ》てるその過程《かてい》で、しっかり管理《かんり》をする獣医《じゅうい》さんが存在《そんざい》するから、なのだ。

だから獣医学部《じゅういがくぶ》では、牛《うし》や馬《うま》の種付《たねつ》けの勉強《べんきょう》もしなくてはならない。人工授精《じんこうじゅせい》の実習《じっしゅう》では、じっさいに、発情期《はつじょうき》のメス牛《うし》に、オスの精子《せいし》を注入《ちゅうにゅう》する仕事《しごと》を体験《たいけん》したりもする。

「動物全般《どうぶつぜんぱん》について学《まな》ぶところが獣医学部《じゅういがくぶ》、と思《おも》ったほうがいいですね。」

牛《うし》や馬《うま》から、ネズミや魚《さかな》にいたるまでが研究《けんきゅう》の対象《たいしょう》。

とうぜん、動物《どうぶつ》の解剖《かいぼう》もじっさいに行《おこな》う。これをしないで、生《い》き物《もの》のからだの構造《こうぞう》を学《まな》ぶことはできないから。

「イヌやネコの解剖《かいぼう》は……やっぱりつらかったですね。」

と服部先生《はっとりせんせい》はふりかえる。

獣医学部《じゅういがくぶ》を卒業《そつぎょう》してからは、畜産業《ちくさんぎょう》に進《すす》む人《ひと》もいれば、製薬会社《せいやくがいしゃ》につとめる人《ひと》もいる。役所《やくしょ》につとめる人《ひと》も。動物病院《どうぶつびょういん》のお医者《いしゃ》さんになる人《ひと》は、三分《ぶん》の一ぐらいの割合《わりあい》だ。

服部先生《はっとりせんせい》もまた、最初《さいしょ》から動物病院《どうぶつびょういん》のお医者《いしゃ》さんを目指《めざ》していたわけではなかった。

「途中《とちゅう》まで、研究《けんきゅう》のほうに進《すす》みたいな、と思《おも》っていました。」

研究《けんきゅう》というのは、たとえば、鳥《とり》インフルエンザなど、深刻《しんこく》な病気《びょうき》の原因《げんいん》やそれを防《ふせ》ぐ方法《ほう》を調《しら》べたりすることだ。

ところが服部先生《はっとりせんせい》には、進路《しんろ》を変更《へんこう》するきっかけとなる、ある出会《であ》いがおとずれるのだ……。

うにゃとの出会《であ》い

十月《がつ》のことだった。ある日《ひ》の夕方《ゆうがた》、大学《だいがく》の図書館《としょかん》で勉強《べんきょう》した帰《かえ》り。

コンビニエンスストアの駐車場《ちゅうしゃじょう》に、なにやらうごめくものがあった。

そっと近《ちか》よってみると、母《はは》ネコと数匹《すうひき》の生《う》まれたばかりの子《こ》ネコがいた。

(気《き》づかれないようにしないと。)

と服部先生《はっとりせんせい》は足《あし》をとめた。子《こ》どもを産《う》んだばかりの母《はは》ネコは、とても警戒心《けいかいしん》が強《つよ》い。

先生《せんせい》は、得意《とくい》の観察《かんさつ》をはじめた。

子《こ》ネコはまだ、生《う》まれて七日目《なのかめ》ぐらいだろうか。目《め》も開《あ》いてなさそうだ。

母《はは》ネコは、一匹《ぴき》ずつ口《くち》にくわえては、どこかに運《はこ》んでいる。

(きっと安全《あんぜん》なところに、引《ひ》っ越《こ》しをしているんだな。)

先生《せんせい》は観察《かんさつ》を続《つづ》ける。

最後《さいご》に残《のこ》った一匹《ぴき》……でも母《はは》ネコはなかなかもどってこない。

駐車場《ちゅうしゃじょう》のうらにある草《くさ》むらにひそんでいるようすもなかった。

(母《はは》ネコは、事故《じこ》にでもあったんだろうか。それとも、もうこれ以上育《いじょうそだ》てられないと思《おも》ったんだろうか……。)

いったんアパートにもどった先生《せんせい》だったが、どうしても気《き》になった。

「なんだ、コーヒーがなくなっているじゃないか。買《か》ってこよう。」

と自分《じぶん》に用事《ようじ》をいいつけ、またコンビニへと向《む》かった。

いた——。小《ちい》さな小《ちい》さなネコがぽつんと一匹《ぴき》。

最初《さいしょ》に見《み》つけてから、数時間《すうじかん》がたっている。

(けっきょく、母《はは》ネコはむかえに来《こ》なかったんだ。夜《よる》になったらさむくなって、子《こ》ネコは死《し》んでしまうかもしれない。)

先生《せんせい》は、子《こ》ネコを抱《だ》いてアパートにもどった。

やっぱり目《め》は開《あ》いていない。

その日《ひ》から、ネコの子育《こそだ》てがはじまった。

母《はは》ネコのおっぱいの代《か》わりに、子《こ》ネコ用《よう》のミルクをやった。ほんとうなら、子《こ》ネコは母《はは》

うにゃとの運命《うんめい》の出会《であ》い

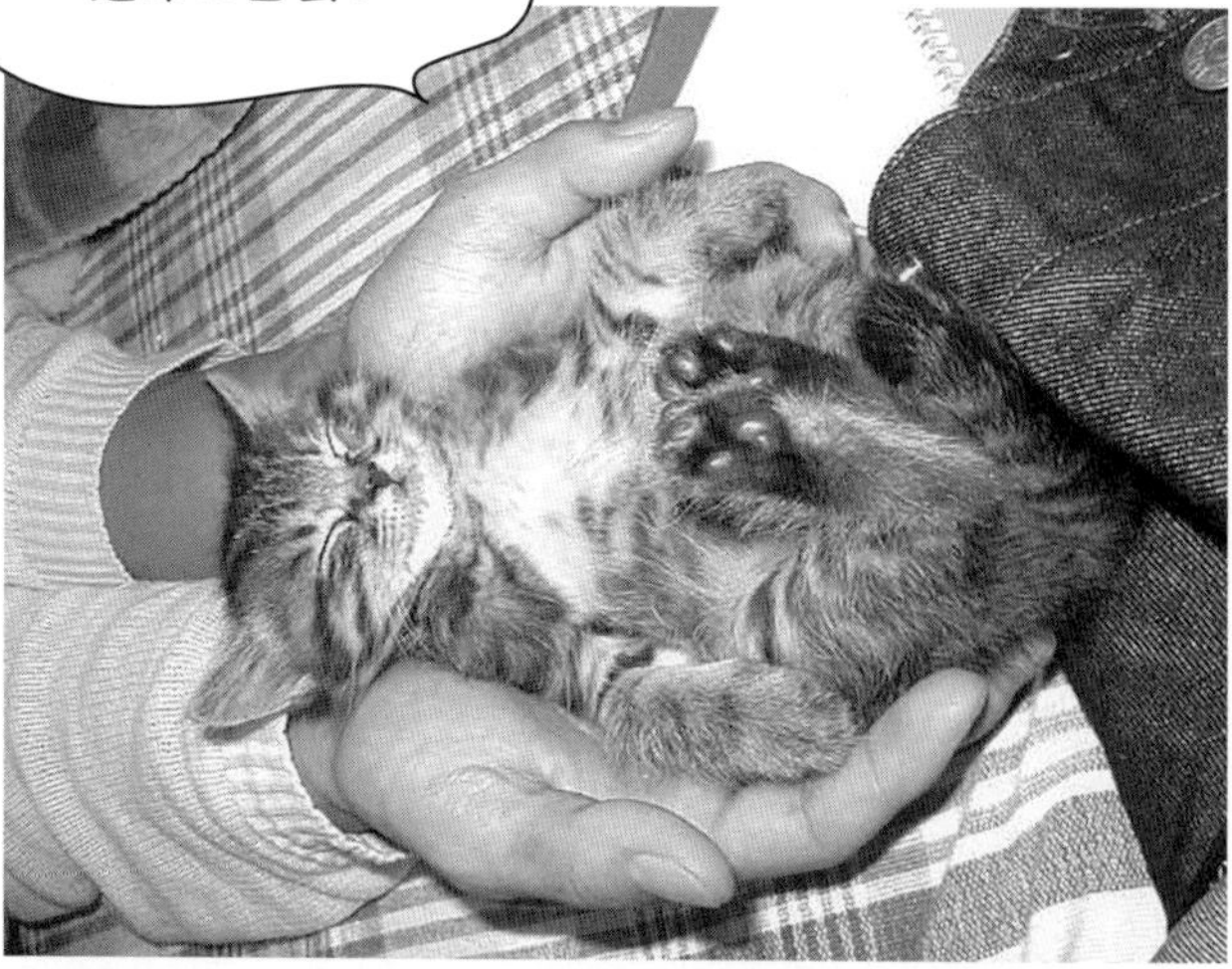

服部先生《はっとりせんせい》が、はじめて飼《か》ったネコ、うにゃ。
ネコの専門医《せんもんい》を目指《めざ》すきっかけになった。

ネコや兄弟《きょうだい》ネコとからだをよせあって、体温《たいおん》を保《たも》つのだけれど、先生《せんせい》はその代《か》わりに、あたたかい毛布《もうふ》につつんでやった。

子《こ》ネコはやがて目《め》を開《あ》け、よちよちと歩《ある》くようになった。

それが服部先生《はっとりせんせい》がはじめて飼《か》ったネコ「うにゃ」だ。

「一匹《ぴき》のネコを育《そだ》てることで、その『いのち』をじかに感《かん》じたのは、大《おお》きな経験《けいけん》でしたね。動物《どうぶつ》のいのちを守《まも》る医者《いしゃ》の道《みち》に進《すす》もう、しぜんとそういう気持《きも》ちがかたまっていきました。」

うにゃが「生《い》きた教科書《きょうかしょ》」となって先生《せんせい》にいろんなことを教《おし》えてくれた。いまはもう天《てん》国《ごく》に旅立《たびだ》ってしまったけれど、その遺骨《いこつ》はずっと服部先生《はっとりせんせい》のそばにある。

アメリカ研修《けんしゅう》

獣医学部《じゅういがくぶ》を卒業《そつぎょう》した服部先生《はっとりせんせい》は、ある動物病院《どうぶつびょういん》に勤務《きんむ》する。

その病院《びょういん》は、一般的《いっぱんてき》にそうであるように、イヌやネコ、そしてほかの動物《どうぶつ》もいっしょに診《み》ていた。けれど服部先生《はっとりせんせい》のなかで、「専門家《せんもんか》になりたい。」という気持《きも》ちが日《ひ》に日《ひ》に大《おお》きくなっていった。

「専門家《せんもんか》といっても、二パターンあるんです。ひとつは人間《にんげん》の病院《びょういん》のように、眼科《がんか》とか皮膚科《ひふか》とか、病気《びょうき》の種類《しゅるい》によってわかれる専門家《せんもんか》。もうひとつは、動物《どうぶつ》の種類《しゅるい》によってわかれる専門家《せんもんか》です。」

服部先生《はっとりせんせい》は、「動物種《どうぶつしゅ》の専門家《せんもんか》」がいいなと思《おも》った。

どの動物《どうぶつ》の専門家《せんもんか》になろうかと考《かんが》えたとき、ネコしか思《おも》いうかばなかった。

「自分《じぶん》の場合《ばあい》は、いっしょにくらしたことのない生《い》き物《もの》を診《み》る、ってむずかしいと思《おも》ったんですよね。」

動物《どうぶつ》たちの日常《にちじょう》の生活《せいかつ》を理解《りかい》してこそ、病気《びょうき》の治療《ちりょう》もできる——服部先生《はっとりせんせい》はそう気《き》づいたのだった。そして、ネコを専門《せんもん》に診《み》る獣医《じゅうい》になろうと、決意《けつい》する。

けれど日本《にっぽん》には、ペットを診《み》る病院《びょういん》で、ネコだけを診《み》るところはほとんどなかった。

「ペットの医療《いりょう》については、アメリカの技術《ぎじゅつ》が最先端《さいせんたん》なんですよ。いつかアメリカで勉強《べんきょう》したいなあと思《おも》うようになりました。」

あるとき、アメリカから有名《ゆうめい》な教授《きょうじゅ》を招《まね》いたセミナーがあると知《し》って、「これだ！」と服部先生《はっとりせんせい》は思《おも》った。直接《ちょくせつ》その教授《きょうじゅ》に相談《そうだん》してみようと、セミナーに出《で》かけていった。

教授《きょうじゅ》の講演《こうえん》を聞《き》いたあと、休憩時間《きゅうけいじかん》に服部先生《はっとりせんせい》は、思《おも》いきって声《こえ》をかけてみた。英語《えいご》は得意《とくい》じゃなかったけれど、遠慮《えんりょ》していたらチャンスをのがしてしまう。

「あのう……アメリカにネコの専門病院《せんもんびょういん》があったら、研修《けんしゅう》を受《う》けてみたいんですが……どこかご存《ぞん》じじゃないですか？」

その教授《きょうじゅ》は、とてもフレンドリーな人《ひと》で、すぐに教《おし》えてくれた。

「ボクの友人《ゆうじん》でひとり専門医《せんもんい》がいるよ。ボクの知《し》る限《かぎ》り、アメリカではナンバーワンのネコドクターだから、聞《き》いてあげるよ。」

教授《きょうじゅ》はアメリカにもどったあと、すぐにメールをくれた。

「友人《ゆうじん》が、オッケーといってくれた。あとは自分《じぶん》でやりとりをしてみて。」

こうして、服部先生《はっとりせんせい》の研修《けんしゅう》がかなうことになった。

場所《ばしょ》はアメリカのテキサス州《しゅう》。先生《せんせい》は一か月《げつ》ホームステイをすることになった。はじめての海外生活《かいがいせいかつ》、英語《えいご》での会話《かいわ》やくらしに不安《ふあん》はなかったのだろうか？

幸《さいわ》い、病気《びょうき》に関《かん》する専門《せんもん》のことばは、大学《だいがく》でも学《まな》んでいたから、なんとか理解《りかい》することができた。

「むしろ、先生《せんせい》が、飼《か》い主《ぬし》さんと交《か》わすやりとりを理解《りかい》するのが、むずかしかったですね。そのニュアンスをつかむのが。」

そのネコ専門《せんもん》の病院《びょういん》は、専門医《せんもんい》を育《そだ》てることも目標《もくひょう》にしていて、アメリカ国内《こくない》だけでなく、世界中《せかいじゅう》から研修生《けんしゅうせい》を受《う》けいれていた。先生《せんせい》のまわりにはいつも熱心《ねっしん》な研修生《けんしゅうせい》がいて、診察《しんさつ》する先生《せんせい》をじっと観察《かんさつ》し、その言葉《ことば》に耳《みみ》をすましていた。

研修生《けんしゅうせい》は診察《しんさつ》や治療《ちりょう》はできないが、手術《しゅじゅつ》の助手《じょしゅ》などはやらせてもらえた。

「きみは、どういう治療《ちりょう》がふさわしいと思《おも》う？」

と、とつぜん先生《せんせい》から意見《いけん》をもとめられることもあ

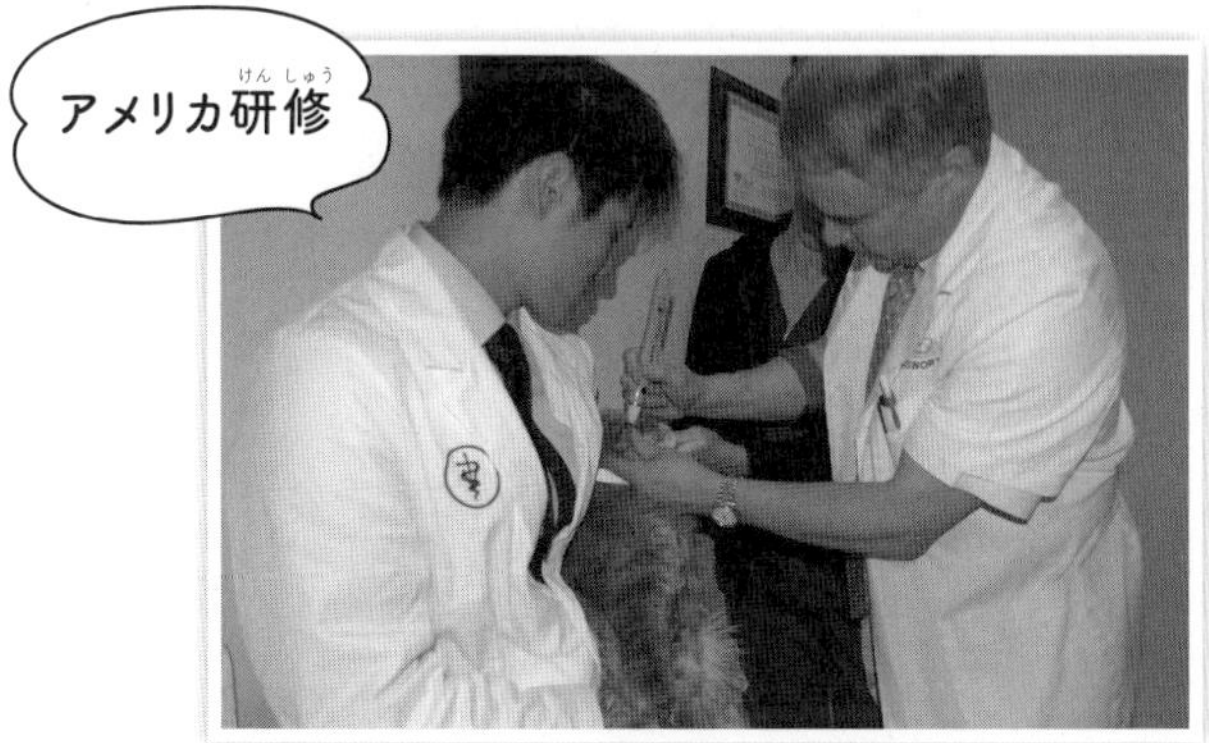

アメリカでナンバーワンの先生《せんせい》からネコの治療《ちりょう》を学《まな》んだ。

るので、気《き》が抜《ぬ》けない。服部先生《はっとりせんせい》は、いつでも答《こた》えられるように、心《こころ》のなかで自分《じぶん》の「答《こた》え」を用意《ようい》するようになった、という。

研修中《けんしゅうちゅう》にいちばん印象《いんしょう》に残《のこ》ったのは、アメリカでナンバーワンの先生《せんせい》も、経験《けいけん》やカンによって自分流《じぶんりゅう》にやるのではなく、信頼《しんらい》できる教科書《きょうかしょ》にのっとって、治療《ちりょう》をしていることだった。

研修《けんしゅう》を終《お》えて服部先生《はっとりせんせい》は、どんな収穫《しゅうかく》を得《え》たのだろうか？

「日本《にっぽん》より進《すす》んでるとは思《おも》ったけど、すっごく遠《とお》いとは思《おも》わなかった。二歩《ほ》先《さき》を行《い》ってるって感《かん》じ。がんばれば追《お》いつけるな、そう思《おも》えたのが、最大《さいだい》の収穫《しゅうかく》でした。」

二〇一二年《ねん》四月《がつ》、服部先生《はっとりせんせい》はいよいよ自身《じしん》のネコ専門病院《せんもんびょういん》、「東京猫医療《とうきょうねこいりょう》センター」をスタートさせる。獣医《じゅうい》は服部先生《はっとりせんせい》ともうひとり、動物看護師《どうぶつかんごし》さんもふたり、四人《にん》の出発《しゅっぱつ》だった。

二〇一三年《ねん》には、国際猫医学会《こくさいねこいがくかい》から、「キャット・フレンドリー・クリニック」のゴールドレベルに認定《にんてい》された。ネコ専門病院《せんもんびょういん》として大《おお》きな評価《ひょうか》をもらったということになる。

アジアでは二番目《ばんめ》の認定《にんてい》だった。

目指《めざ》しているのは……

服部先生《はっとりせんせい》は、病院《びょういん》をおとずれる飼《か》い主《ぬし》さんとの会話《かいわ》を大事《だいじ》にしている。

「動物《どうぶつ》の医療《いりょう》でも、『インフォームドコンセント』が重要《じゅうよう》なんですよ。」

ちょっとむずかしいことばだが、これは病気《びょうき》を治《なお》すときの約束《やくそく》のこと。

かつて、人《ひと》を診《み》るお医者《いしゃ》さんは、無条件《むじょうけん》に「えらい人《ひと》！」と思《おも》われていて、

「では手術《しゅじゅつ》をしましょう。」

とお医者《いしゃ》さんにいわれれば、患者《かんじゃ》は「はい、わかりました。」と受《う》けいれるしかなかった。

けれど、患者自身《かんじゃじしん》が、自分《じぶん》の病気《びょうき》のことを理解《りかい》して、たとえば手術《しゅじゅつ》をするのかしないのか、最終的《さいしゅうてき》に決《き》めるのも患者自身《かんじゃじしん》でなければならない、という考《かんが》え方《かた》が広《ひろ》まってきた。

そのときお医者《いしゃ》さんは、患者《かんじゃ》に病気《びょうき》をじゅうぶんに説明《せつめい》する義務《ぎむ》がある。

インフォームドコンセントとは、「医者《いしゃ》が病状《びょうじょう》や治療内容《ちりょうないよう》などをくわしく説明《せつめい》し、患者《かんじゃ》の同意《どうい》を得《え》ること。」という意味《いみ》なのだ。

お医者《いしゃ》さんが、病気《びょうき》の説明《せつめい》をし、治療《ちりょう》の方針《ほうしん》を話《はな》すとき、合意《ごうい》できない、つまり「それでいいのかなあ。」と患者《かんじゃ》が疑問《ぎもん》に思《おも》ったときには、ほかのお医者《いしゃ》さんに診《み》てもらうこともできる。それが「セカンドオピニオン（また別《べつ》の意見《いけん》）」ということになる。

ネコの病気《びょうき》の治療《ちりょう》もおなじこと、と服部先生《はっとりせんせい》はいう。

「飼《か》い主《ぬし》さんに、じゅうぶんに説明《せつめい》して、納得《なっとく》してもらうことがたいせつだと思《おも》っています。じっさいに病気《びょうき》のネコにお薬《くすり》を飲《の》ませたり、病状《びょうじょう》を見《み》たりするのは、飼《か》い主《ぬし》さんですから。」

その薬《くすり》にどんな効果《こうか》があるのか、飼《か》い主《ぬし》さんが理解《りかい》してきちんと薬《くすり》を飲《の》ませないと、治《なお》るネコも治《なお》らない、ということになる。

服部先生《はっとりせんせい》には、飼《か》い主《ぬし》さんといっしょになって、ネコの病気《びょうき》を治《なお》していく、という考《かんが》えがあるのだ。

だから飼《か》い主《ぬし》さんへの要望《ようぼう》もある。

「いっしょにくらしているネコをよく観察《かんさつ》してください。」

それが服部先生《はっとりせんせい》の口《くち》ぐせだ。

たとえば、ネコの毛《け》づや、おしっこやうんちの状態《じょうたい》、あそび方《かた》……毎日《まいにち》のネコのようすをちゃんと見《み》ていたら、それが早《はや》く病気《びょうき》を見《み》つけることにつながるから。

先生自身《せんせいじしん》、いま、二匹《ひき》のネコを飼《か》っている。

ネコといっしょにくらしていることが、病気《びょうき》のネコを診《み》るときに、とても役立《やくだ》っているという。

動物《どうぶつ》を間近《まぢか》に見《み》ていると、「人間《にんげん》より強《つよ》いな。」と思《おも》わせられることもある。

ネコだってそう。天井近《てんじょうちか》くまで飛《と》びあがるジャンプ力《りょく》とか、動《うご》くものをすばやくキャッチする能力《のうりょく》とか。ちょっと転《ころ》んだぐらいじゃ、ケガもしないし。

「ほんとは人間《にんげん》でもそうなんだけど、動物《どうぶつ》には、『自然治癒力《しぜんちゆりょく》』があるんです。」

それは、自分《じぶん》のからだのなかに、病気《びょうき》をやっつける力《ちから》があるということ。

「もし、ネコに七割《わり》その力《ちから》があるとしたら、それを九割《わり》に高《たか》めてあげるのが、ぼくら獣医《じゅうい》の仕事《しごと》だと思《おも》ってるんです。」

先生《せんせい》は、いっしょに働《はたら》いているスタッフたちに、いつもこの話《はなし》をしているのだという。

人間《にんげん》が治《なお》してやってる、なんて思《おも》っちゃいけないと――。

「それに、ぼくらの仕事《しごと》は、ネコの病気《びょうき》を治《なお》すことだけじゃないんです。」

……それはどういう意味《いみ》だろう。

「ネコの病気《びょうき》を治《なお》すのはとうぜんなのだけれど、そのことで、飼《か》い主《ぬし》さんの不安《ふあん》とか心配《しんぱい》を取《と》りさってあげることも、大事《だいじ》な仕事《しごと》なんです。」

こちらは、じゅうぶんにネコの病気《びょうき》を治《なお》したと思《おも》っても、飼《か》い主《ぬし》さんの気持《きも》ちがハッピーになっていなければ、百点満点《ひゃくてんまんてん》とはいえない、そういう意味《いみ》だ。

ネコもハッピーで飼《か》い主《ぬし》さんもハッピーになる治療《ちりょう》……服部先生《はっとりせんせい》が目指《めざ》す仕事《しごと》は、それだという。

第《だい》3章《しょう》

ぼくが診《み》てきたネコたち

診察《しんさつ》をする服部先生《はっとりせんせい》。
ネコの病気《びょうき》は見《み》のがさない!

カイト　おなかから出《で》てきたものは……

一歳《さい》にならないオスネコのカイトは、飼《か》い主《ぬし》であるお母《かあ》さんと小学《しょうがく》三年生《ねんせい》の男《おとこ》の子《こ》に連《つ》れられてやってきた。

「ここ何日《なんにち》か、あんまりフードを食《た》べないんです。なんとなく元気《げんき》がなくて。きのうは何《なん》回《かい》か吐《は》いたんです。」

とお母《かあ》さんは説明《せつめい》した。

「念《ねん》のためうかがいますが、なにか、家《いえ》のなかにあるものを食《た》べちゃったりしてませんか？」

食《た》べ物《もの》以外《いがい》のものをまちがって口《くち》に入《い》れてしまうことを「誤飲《ごいん》」という。

ネコやイヌは、あそびながら、つい誤飲《ごいん》をしてしまうことがある。子《こ》ネコの場合《ばあい》、それが食《た》べるものかそうじゃないものか、見分《みわ》けがつかないから、なおさらだ。

お母《かあ》さんは、男《おとこ》の子《こ》のほうにふりかえって、たしかめた。

「へんなもの口《くち》に入《い》れたりなんて、ないよねえ？」

「……うん。」

男《おとこ》の子《こ》は、小《ちい》さく答《こた》えた。

「そうですか。……でもたしかめるために、レントゲンを撮《と》ってみましょう。」

と服部先生《はっとりせんせい》は提案《ていあん》した。男《おとこ》の子《こ》のようすを見《み》て、ほんとうは、なにか心当《こころあ》たりがあるのかもしれない、そう思《おも》えたからだ。

レントゲンの画像《がぞう》を見《み》たお母《かあ》さんと男《おとこ》の子《こ》は、目《め》を見開《みひら》いた。

カイトのおなかのなかに、くっきりと四角《しかく》いものが写《うつ》っている。

「やっぱり誤飲《ごいん》だな。」

と服部先生《はっとりせんせい》はいった。

「腸閉塞《ちょうへいそく》を起《お》こしかけています。すぐに手術《しゅじゅつ》をしないと――。」

「手術《しゅじゅつ》ですか⁉」

お母《かあ》さんがおどろいて声《こえ》をあげた。

腸閉塞《ちょうへいそく》とは、腸《ちょう》の管《くだ》がつまってしまうこと。生《い》き物《もの》にとって、食《た》べたものを消化《しょうか》したあと、排泄《はいせつ》、つまりおしっこやうんちで外《そと》に出《だ》すのは、とても大事《だいじ》なことだ。その管《くだ》がなにかの原因《げんいん》でふさがれてしまったら、すぐにそれを取《と》りのぞかないといけない。

おなかの調子《ちょうし》が悪《わる》いのかなあ、とかるく考《かんが》えていたのに、そんな重大《じゅうだい》なことになっていたなんて――。

カイトは、動物看護師《どうぶつかんごし》さんに抱《だ》かれて手術室《しゅじゅつしつ》に入《はい》っていく。

服部先生《はっとりせんせい》も、手術着《しゅじゅつぎ》に着替《きか》えてなかに入《はい》った。

「カイト……あんなに小《ちい》さなからだに全身麻酔《ぜんしんますい》をされて、大丈夫《だいじょうぶ》なのかしら。」

待合室《まちあいしつ》でお母《かあ》さんが心配《しんぱい》そうにいうと、男《おとこ》の子《こ》は目《め》になみだをうかべて、お母《かあ》さんを見《み》あげた。

「カイトは死《し》なないよね。助《たす》かるよね！」

そのとき、三階《がい》にある手術室《しゅじゅつしつ》では、カイトが横《よこ》たわっていた。

服部先生《はっとりせんせい》は、そのおなかにメスを入《い》れた――。

男《おとこ》の子《こ》は、持《も》ってきたゲームを出《だ》すこともわすれて、ただじっと時計《とけい》を見《み》つめて待《ま》った。

やがて手術《しゅじゅつ》が終《お》わり、服部先生《はっとりせんせい》がふたりのもとにやってきた。

「無事《ぶじ》に、異物《いぶつ》は取《と》りのぞきました。」

「異物《いぶつ》ってなんだったんですか？」

お母《かあ》さんは、服部先生《はっとりせんせい》が差《さ》しだした、ステンレスの容器《ようき》に顔《かお》を近《ちか》づけた。

「これ、消《け》しゴムですか⁉」

「そのようですね……。」

男《おとこ》の子《こ》はうつむいたまま、顔《かお》をあげない。

「子《こ》ネコは、好奇心旺盛《こうきしんおうせい》ですから、なんでも口《くち》に入《い》れてしまいます。気《き》をつけてあげてください。」

「はい、これからはじゅうぶん注意《ちゅうい》します。」

カイトは三階《がい》にある入院用《にゅういんよう》のケージのなかにいた。麻酔《ますい》から覚《さ》めるまで、動《うご》かすことはできないから、お母《かあ》さんと男《おとこ》の子《こ》は、じっとその寝顔《ねがお》を見《み》つめるしかない。

それはお昼寝《ひるね》をしているときとおなじように、かわいい寝顔《ねがお》だったが、おなかに八センチほど、メスで切《き》ったあとがある。傷口《きずぐち》をおおった白《しろ》い包帯《ほうたい》が痛々《いたいた》しい。

男《おとこ》の子《こ》はたまらず、声《こえ》をあげて泣《な》きだした。

「ごめんね、カイト。ごめんね……ごめんね……。」

数日後《すうじつご》、カイトの診察《しんさつ》のためにやってきたお母《かあ》さんの話《はなし》によると、男《おとこ》の子《こ》は、カイトが消《け》しゴムであそんでいたのを知《し》っていたのだという。

だから服部先生《はっとりせんせい》に「家《いえ》のなかにあるものを食《た》べちゃったりしてませんか？」と聞《き》かれたときには、「もしかしたら……。」と思《おも》った。けれど、お母《かあ》さんに、正直《しょうじき》にいうことができなかった。

「カイトが手術《しゅじゅつ》を受《う》けたあと、やっと話《はな》してくれました。子《こ》どもをしかる気《き》にはなりませんでした。カイトのことを思《おも》って、勇気《ゆうき》を出《だ》していってくれたんだろうと思《おも》ったので。」

「ええ、そうですね。これからは、いままで以上《いじょう》に、カイトくんをかわいがってくれるんじゃないかなあ。」

服部先生《はっとりせんせい》は、ごめんねとあやまりながら泣《な》いていた男《おとこ》の子《こ》を思《おも》い出《だ》しながらいった。

カイトは、腸閉塞《ちょうへいそく》が治《なお》って、また元気《げんき》な子《こ》ネコにもどった。

ごはんもしっかり食《た》べるし、いいうんちをひねり出《だ》し、ジャンプしたりかけまわったり。

男《おとこ》の子《こ》は、カイトがあそぶところに、ビニール袋《ぶくろ》とかヒモとか、口《くち》に入《い》れてはいけないものがないか、いつも注意《ちゅうい》をはらうようになった。もちろん、消《け》しゴムはしっかり筆箱《ふでばこ》にしまう。

カイトは小《ちい》さなレジ袋《ぶくろ》に頭《あたま》をつっこんであそぶこともある。

「そんなときは、かわいそうで取《と》りあげられないから、ぼくがずっとそばで見《み》ているんだ。」

と男《おとこ》の子《こ》はいった。

病気《びょうき》が治《なお》ったあともカイトは、お母《かあ》さんに連《つ》れられて、健康診断《けんこうしんだん》や予防接種《よぼうせっしゅ》にやってくる。

そのときは、男《おとこ》の子《こ》もいつもいっしょだ。まるでカイトのお兄《にい》ちゃんみたいに、診察《しんさつ》されるカイトを見守《みまも》り、服部先生《はっとりせんせい》の説明《せつめい》にじっと耳《みみ》をかたむけている……。

カイトが大人《おとな》のネコに成長《せいちょう》するように、男《おとこ》の子《こ》も高学年《こうがくねん》になり、中学生《ちゅうがくせい》になる。

服部先生《はっとりせんせい》はいう。

「ネコやイヌ、生《い》き物《もの》といっしょにくらしながら大《おお》きくなっていくことは、とてもいいことだと思《おも》います。」

それは、生《い》き物《もの》のいのちを、じかに感《かん》じることができるから。

毎日《まいにち》、おなじネコのようすを見《み》ていたら、元気《げんき》なのか、ちょっと調子《ちょうし》が悪《わる》いのか気《き》づけるようになる。

家《いえ》のなかのネコが、安全《あんぜん》にすごせるように、なにをしたらよいのか、なにをしたらダメなのか、しぜんと学習《がくしゅう》していくことができる。

ネコはことばをしゃべらないけれど、それでもネコの気持《きも》ちがわかるようになる。

それは本《ほん》を読《よ》んだりインターネットで検索《けんさく》したりしても、かなわないこと。

二十四時間《じかん》毎日《まいにち》ネコとすごすことは、たくさんの「心《こころ》の」栄養《えいよう》をもらうことなのだ。

コハク　子《こ》ネコに病気《びょうき》が見《み》つかった

ちひろさんが小学《しょうがく》四年生《ねんせい》のときだった。お父《とう》さんがあらたまった顔《かお》で、こういった。

「ちひろ、この家《いえ》にネコがやってきたら、ちゃんとめんどうが見《み》られるかな？」

ネコ？　ネコを飼《か》えるの！　ちひろさんはうれしくなって、思《おも》わずぴょんぴょんジャンプしてしまった。

「まだ決《き》まったわけじゃないのよ。」

お母《かあ》さんが静《しず》かにいった。

「よく調《しら》べて、健康《けんこう》なネコを飼《か》わなくちゃ。スニーカーやT《ティー》シャツじゃないんだから、気《き》に入《い》らないからって、だれかにあげるってわけにはいかないのよ。」

「そんなこと、わかってるさ。とりあえず、どんなネコにするかリサーチしないとなあ。ちひろ、ペットショップをのぞいてみようか。」

とお父《とう》さん。

どうやらお父《とう》さんも、心《こころ》のなかでは、ぴょんぴょんジャンプしているみたいだった。明日《あした》にでもネコをむかえる気《き》でいる。冷静《れいせい》に冷静《れいせい》に、とブレーキをかける役目《やくめ》をしているのはお母《かあ》さん。

でも家族《かぞく》三人《にん》、みんな、ネコを飼《か》うことには大賛成《だいさんせい》だった。

一人《ひとり》っ子《こ》のちひろさん。赤《あか》ちゃんのネコがやってくるのは、なんだか家族《かぞく》がひとり増《ふ》えるような気持《きも》ちだった。

けっきょく、お母《かあ》さんがインターネットで、信頼《しんらい》できそうなブリーダーを見《み》つけてきた。

ブリーダーとは、ネコやイヌに赤《あか》ちゃんを産《う》ませるのを仕事《しごと》にしている人《ひと》のこと。まじめなブリーダーは、動物《どうぶつ》のからだのことをよく研究《けんきゅう》していて、健康《けんこう》な赤《あか》ちゃんが生《う》まれるように、お父《とう》さんネコやお母《かあ》さんネコをしっかり世話《せわ》している。

「この子《こ》はどう？　生後《せいご》二か月《げつ》だって。」

お母《かあ》さんが見《み》せてくれたパソコンの画面《がめん》には、くるくると大《おお》きなひとみの子《こ》ネコがうつっていた。

「かわいい〜！」

三人《にん》の意見《いけん》が一致《いっち》した。

こうして、アメリカンショートヘアのオス、コハクがちひろさんの家《いえ》にやってきた。

お父《とう》さんは張《は》りきって、段《だん》ボール製《せい》とは思《おも》えないような立派《りっぱ》な「コハクの家《いえ》」を作《つく》り、コハクが思《おも》う存分《ぞんぶん》あそべるように、キャットタワーもそなえつけた。

そして、予防接種《よぼうせっしゅ》を受《う》けさせるために、はじめて、コハクを動物病院《どうぶつびょういん》に連《つ》れていった。

注射《ちゅうしゃ》もぶじに終《お》わって、ほっとしたのもつかのま、ちひろさんは、コハクを診察《しんさつ》していた獣医《じゅうい》さんから、意外《いがい》なことを聞《き》かされることになった……。

そのときのことをちひろさんが作文《さくぶん》に書《か》いている。

ねこに病気《びょうき》があった

「ニャーニャー。」

去年《きょねん》八月《がつ》、「コハク」というねこをかい始《はじ》めた。

かいはじめて少《すこ》したったころ、コハクの初《はじ》めての予《よ》ぼうせっしゅの日《ひ》がやってきた。お医者《いしゃ》さんに予《よ》ぼうせっしゅをしてもらった後《あと》お医者《いしゃ》さんはコハクの心《しん》ぞうのあたりにふれながら、けわしい顔《かお》をしていた。

「音《おと》がおかしいですね。調《しら》べてみます。」

お医者《いしゃ》さんはおくへコハクをつれていった。しばらくして、お医者《いしゃ》さんがもどってきた。

「これは、心《しん》ぞうの病気《びょうき》です。生《う》まれた時《とき》からあると考《かんが》えられますね。」

わたしの目《め》になみだがあふれでてきた。本当《ほんとう》にショックだった。

「うそだ、ぜったいうそだ。」

次《つぎ》の日《ひ》も、頭《あたま》の中《なか》はコハクの事《こと》でいっぱい。

毎日心《まいにちこころ》がしずんでいた。

「コハク、だいじょうぶかな。」

コハクは苦《くる》しそうではないけど、やっぱり心配《しんぱい》だった。

ネコを飼《か》うまえ、どんな品種《ひんしゅ》だったら病気《びょうき》になりにくいのかや、どこのブリーダーから買《か》えば安心《あんしん》なのか、お母《かあ》さんは熱心《ねっしん》に調《しら》べた。それなのに、コハクには生《う》まれつき心臓《しんぞう》の病気《びょうき》があった。

動物病院《どうぶつびょういん》の先生《せんせい》は、そう告《つ》げたけれど、「ではこうして治《なお》していきましょう。」と希望《きぼう》がつながることをいってはくれなかった。

「残念《ざんねん》ですが……。」

とまるで、あきらめきったような口調《くちょう》だった。

そのときお母《かあ》さんが思《おも》ったのは、

「ああ、いのちって選《えら》べないいんだ。」

ということだった。

(コハクはすぐに死《し》んでしまうの？　まだ子《こ》どもなのに……。ウソだったらいいのに！)

ちひろさんの目《め》の前《まえ》にいるコハクは、きのうとおなじようにあそんでいる。心臓病《しんぞうびょう》だなんて、信《しん》じたくなかった。

コハクを買《か》ったブリーダーのところでは、子《こ》ネコに病気《びょうき》が見《み》つかり死《し》んだ場合《ばあい》には、新《あたら》

しい子《こ》ネコがもらえるシステムになっていた。でも、

「それはぜったいありえないと思《おも》いました。」

とお母《かあ》さんはいう。

先天性《せんてんせい》の病気《びょうき》が見《み》つかったことはショックだったが、コハクを家族《かぞく》にむかえたことに後《こう》悔《かい》はなかった。

ここでまた、お母《かあ》さんがねばりを発揮《はっき》する。

「別《べつ》の病院《びょういん》で診《み》てもらいましょう。」

インターネットで調《しら》べに調《しら》べて、ネコを専門《せんもん》に診《み》る「東京猫医療《とうきょうねこいりょう》センター」を見《み》つけた。

ちひろさん一家《いっか》は、コハクをケージに入《い》れて、服部先生《はっとりせんせい》のもとにやってきた。

前《まえ》の病院《びょういん》でのいきさつを話《はな》すお母《かあ》さん……。

先生《せんせい》がじっと耳《みみ》をかたむけている。

そして、コハクが緊張《きんちょう》しないように、そっと抱《だ》きあげて診察台《しんさつだい》の上《うえ》にのせると、聴診器《ちょうしんき》をあてて、心臓《しんぞう》の音《おと》を聞《き》いた……。

ちひろさんは、目《め》の前《まえ》でコハクを診察《しんさつ》してくれている服部先生《はっとりせんせい》のしぐさを見《み》ているうちに、心強《こころづよ》い気持《きも》ちになっていった。

（この先生《せんせい》なら、安心《あんしん》してコハクをまかせられる。）

くわしく検査《けんさ》をしたあと、コハクの心臓《しんぞう》に穴《あな》が空《あ》いていることがわかった。病名《びょうめい》は、心《しん》房中隔欠損《ぼうちゅうかくけっそん》。服部先生《はっとりせんせい》が、モニターにうつったコハクの心臓《しんぞう》を見《み》せてくれたので、ちひろさんも納得《なっとく》しないわけにはいかなかった。

けれど、先生《せんせい》がしっかりと治療方針《ちりょうほうしん》をいってくれたから、絶望的《ぜつぼうてき》な気持《きも》ちにならずにすんだ。

いまコハクは毎日薬《まいにちくすり》を飲《の》み、月《つき》に一回《かい》、服部先生《はっとりせんせい》の診察《しんさつ》を受《う》けている。

ちひろさんの作文《さくぶん》の続《つづ》きには、こう書《か》かれている……。

ある日《ひ》、お母《かあ》さんが、

「コハクのこと心配《しんぱい》するだけじゃなくて、守《まも》ってあげなきゃ。」

この言葉《ことば》で守《まも》ってあげたいという気持《きも》ちが大《おお》きくなった。だからいつも夜《よる》はコハクのごはんを作《つく》ってあげたり、いっしょに遊《あそ》んであげたりと、世話《せわ》をいつも以上《いじょう》にしてあげている。

「コハクも少《すこ》しは元気《げんき》になったかな。」

とてもうれしそうだった。

「コハク。わたしのほうが泣《な》いてたけど、コハクのほうがたいへんだよね。ずっとずーっと守《まも》ってあげるからね。」

コハクが本当《ほんとう》に元気《げんき》そうだった。おもわず、

「大好《だいす》き、大好《だいす》き、大好《だいす》き。」

と、くり返《かえ》し言《い》ってしまった。コハクもしっぽを立《た》てて、

「ぼくだいじょうぶだから、安心《あんしん》してね。」とでも言《い》うようにあまえてきてくれた。

それから、コハクはとても元気《げんき》そうだった。最初《さいしょ》は、お医者《いしゃ》さんに
「一日《にち》もつかわかりません。」

と言《い》われていましたが、今《いま》では八か月《げつ》にもなり、元気《げんき》そうだ。これからも一生元気《いっしょうげんき》でいてほしい。コハクをかって本当《ほんとう》によかったな。家族《かぞく》みんなで、せきにんをもって育《そだ》てていき

たい。コハクにはぜったいに苦《くる》しい思《おも》いはさせたくない。「コハク、ずっとずっと大切《たいせつ》にするからね。大好《だいす》き。」


コハクはとてもあまえん坊《ぼう》。ちひろさんのことが大好《だいす》きだ。

「コハク。」

と呼《よ》びかけると、

「ニャー。」

と答《こた》える。お父《とう》さんやお母《かあ》さんが呼《よ》んでも、

「…………」

コハクは答《こた》えない。

「なんだよ、コハク。おまえのおうちを作《つく》ってあげたのは、このボクなんだよ？」

お父《とう》さんはちょっとさびしそうだけど、でも、コハクが元気《げんき》でいてくれることがいちばん。

三人《にん》で旅行《りょこう》に行《い》くこともあるけれど、なにか物足《ものた》りない。

ちひろさんと遊《あそ》ぶのが大好《だいす》きなあまえんぼう。

「コハクがいないもんなあ……。」

家《うち》でコハクが待《ま》っている！　と思《おも》うと、帰《かえ》り道《みち》の足取《あしど》りもかるくなる。

コハクの病気《びょうき》がわかったときに、

「いのちは選《えら》べない。」

と思《おも》ったお母《かあ》さん。

家族《かぞく》三人《にん》をハッピーな笑顔《えがお》にしてくれるコハクは、いま、かけがえのないいのちになっている。

ガロとメロン　病気《びょうき》とつきあうネコたち

真奈美《まなみ》さんは、小学《しょうがく》二年生《ねんせい》。一人《ひとり》っ子《こ》だけど、大家族《だいかぞく》だ。

なぜならネコが三匹《びき》にイヌが二匹《ひき》もいるからだ。

先輩《せんぱい》は三匹《びき》のネコたちだ。

いちばん上《うえ》からオスのガロ（マンチカンという品種《ひんしゅ》の四歳《さい》）、つぎがメスのルーク（マンチカンの三歳《さい》）、そのつぎがオスのメロン（ミヌエットという品種《ひんしゅ》の三歳《さい》）。

二匹《ひき》のイヌたちはそのあとにやってきた。

五匹《ひき》は家《いえ》のなかで、自由《じゆう》にすごしているけれど、ケンカはない。

ただ、お留守番《るすばん》のときには、イヌたちはケージのなかですごす。

真奈美《まなみ》さんは、ネコたちとあそぶのが楽《たの》しくてしかたがない。

若《わか》いネコたちは、動《うご》くものが大好《だいす》きだから、真奈美《まなみ》さんが、ネコじゃらしやボールを持《も》ってくると、「待《ま》ってました！」とばかり大喜《おおよろこ》び。

ネコたちは真奈美《まなみ》さんが手《て》に持《も》っているおもちゃを、真剣《しんけん》なまなざしで見《み》つめている。そのまじめくさった表情《ひょうじょう》も、「ちょうだいちょうだい。」と前足《まえあし》を動《うご》かすしぐさもかわいい。

あそんでいるネコたちも好《す》きだけれど、三匹《びき》がくっついて眠《ねむ》っているときのすがたも、

「超《ちょう》カワイイ！」。三匹《びき》が、なぜかまったくおなじ格好《かっこう》でならんで寝《ね》ていることもある。真《ま》奈美《なみ》さんは、お母《かあ》さんのスマホのカメラで、パチリ！

「いい写真《しゃしん》ね！　待《ま》ち受《う》け画面《がめん》にしちゃおーっと。」

とお母《かあ》さんのお気《き》に入《い》りの写真《しゃしん》になった。

真奈美《まなみ》さんは、ブラッシングがじょうず。

ネコたちは、気持《きも》ちよさそうに、目《め》をつぶって、真奈美《まなみ》さんに身《み》をまかせている。とくにオスのメロンは、べったりあまえている。

じつは三匹《びき》のうち、二匹《ひき》には病気《びょうき》がある。

ガロは、先天性《せんてんせい》の心臓病《しんぞうびょう》。服部先生《はっとりせんせい》のところに健康診断《けんこうしんだん》に行《い》って、病気《びょうき》がわかった。

メロンもまた、健康診断《けんこうしんだん》で、腎臓《じんぞう》の病気《びょうき》が見《み》つかった。

お気《き》に入《い》りのキャットタワーにせいぞろい。

ガロもメロンも、毎日薬《まいにちくすり》を飲《の》み、定期的《ていきてき》に、服部先生《はっとりせんせい》の診察《しんさつ》を受《う》けている。

真奈美《まなみ》さんはもちろん、病気《びょうき》のことが心配《しんぱい》だけど、診察《しんさつ》する服部先生《はっとりせんせい》を「たよりになるな。」と思《おも》う。

「真奈美《まなみ》は、服部先生《はっとりせんせい》のファンなんです。」

とお母《かあ》さん。

「ネコのお医者《いしゃ》さんとして、おちついてて、いつもおだやかなの。それにカッコイイし！」

というのが真奈美《まなみ》さんの感想《かんそう》だ。

服部先生《はっとりせんせい》と真奈美《まなみ》さんのお母《かあ》さんとのおつきあいは、三匹《びき》が来《く》るよりずーっと前《まえ》からだ。

真奈美《まなみ》さんのお母《かあ》さんは、ずっとネコを飼《か》っていた。そのとき、お世話《せわ》になったのが、まだ他《ほか》の病院《びょういん》ではたらいていたころの服部先生《はっとりせんせい》だった。

十八歳《さい》で亡《な》くなった前《まえ》のネコ。そのお骨《こつ》は、いまも写真《しゃしん》といっしょに、リビングルームにおいてある。

お母《かあ》さんにとって、大事《だいじ》な大事《だいじ》なネコだった。

「死《し》んでから、二回《かい》も夢《ゆめ》に出《で》てきたんです。」

とお母《かあ》さんは、写真《しゃしん》に目《め》をやりながらいう。

思《おも》い出《で》がたくさんあって、新《あたら》しいネコを飼《か》う気《き》にはなれなかった。

前《まえ》のネコのことをわすれてしまうみたいで、悪《わる》いなって思《おも》えてしまう。

けれどやっぱり、ネコのことが好《す》きだから、ペットショップの前《まえ》を通《とお》りかかると素通《すどお》りできない。真奈美《まなみ》さんといっしょにネコを見《み》たりしていた。

前《まえ》のネコが亡《な》くなってから三年後《ねんご》、ペットショップで見《み》つけたガロに一目惚《ひとめぼ》れ！

それからまた、ネコとのくらしがはじまった。

お母《かあ》さんは、ガロを飼《か》ってみて、わかったという。

「前《まえ》の子《こ》をけっしてわすれるわけじゃないんです。別《べつ》の思《おも》い出《で》が増《ふ》えていくだけなんだなあって。」

お父《とう》さんとお母《かあ》さんは、ふたりとも仕事《しごと》を持《も》っているし、真奈美《まなみ》さんには学校《がっこう》がある。ひとりでお留守番《るすばん》はかわいそう、と思《おも》って、ルークとメロンを家族《かぞく》にむかえた。

「何匹《なんびき》もいっしょに飼《か》うなら、年《とし》が近《ちか》いほうがいいかなと思《おも》って。」

ネコ同士《どうし》、年《とし》がはなれていると、年《とし》をとっているほうのネコがつかれてしまうから。

ネコとイヌを飼《か》うようになって、お母《かあ》さんは、真奈美《まなみ》さんの変化《へんか》を感《かん》じている。

「動物全般《どうぶつぜんぱん》に興味《きょうみ》を持《も》つようになったみたいで。それに、自分《じぶん》ちのネコだけじゃなくて、ノラネコのこともすごく気《き》にするようになりました。」

真奈美《まなみ》さんは以前《いぜん》、子《こ》どもたちがノラネコをいじめているのを見《み》て、とてもショックを受《う》けたことがある。

どうしてあんなことをするんだろう！

自分《じぶん》より弱《よわ》い生《い》き物《もの》をいじめるなんて、信《しん》じられなかった。

真奈美《まなみ》さんは、つぎの日《ひ》も、その場所《ばしょ》に行《い》ってみた。いじめられていたネコは、幸《さいわ》いケガもしていなくて元気《げんき》にすごしていた。

「人間《にんげん》のことをきらいにならなかったら、いいけどなあ。」

と思《おも》ったそうだ。

真奈美《まなみ》さんには、自分《じぶん》の家《いえ》で飼《か》っているペットだけじゃなく、ほかの生《い》き物《もの》もたいせつに思《おも》う気持《きも》ちがはぐくまれている。
毎月《まいつき》かならず、真奈美《まなみ》さんは、お母《かあ》さんといっしょに、ネコたちを診察《しんさつ》に連《つ》れていく。
服部先生《はっとりせんせい》に会《あ》えるのが楽《たの》しみ、なのかな……？
それもあるけれど、ガロやメロンを診察《しんさつ》したあと、
「病気《びょうき》は悪《わる》くなってないよ。」
という服部先生《はっとりせんせい》のことばを聞《き》くと、ほっとするから。
やっぱり、先生《せんせい》からじかに聞《き》くほうが、安心《あんしん》できるから。
ガロもルークもメロンも、真奈美《まなみ》さんにはたいせつな家族《かぞく》なのだ――。

ネコの一生《いっしょう》

ネコは人間《にんげん》よりもずっと早《はや》く成長《せいちょう》する。
屋内《おくない》で飼《か》われているネコの寿命《じゅみょう》は15年《ねん》くらい。
5歳《さい》のネコは、人間《にんげん》でいうと36歳《さい》くらいになるんだ！

	ネコの年齢《ねんれい》	人間《にんげん》の年齢《ねんれい》にすると
子猫期《こねこき》	0か月《げつ》	0歳《さい》
	1か月《げつ》	1歳《さい》
	2か月《げつ》	3歳《さい》
	3か月《げつ》	5歳《さい》
	6か月《げつ》	10歳《さい》
青年期《せいねんき》	7か月《げつ》	12歳《さい》
	1歳《さい》	15歳《さい》
	1歳半《さいはん》	21歳《さい》
	2歳《さい》	24歳《さい》
成猫期《せいびょうき》	3歳《さい》	28歳《さい》
	4歳《さい》	32歳《さい》
	5歳《さい》	36歳《さい》
	7歳《さい》	44歳《さい》
中年期《ちゅうねんき》	11歳《さい》	60歳《さい》
	13歳《さい》	68歳《さい》
老猫期《ろうびょうき》	15歳《さい》	76歳《さい》
	18歳《さい》	88歳《さい》
	20歳《さい》	96歳《さい》

生後《せいご》1〜2週間《しゅうかん》で目《め》が開《あ》く。生後《せいご》2か月《げつ》までの間《あいだ》に、ブラッシングや爪切《つめき》りになれさせておくと安心《あんしん》！去勢《きょせい》・避妊手術《ひにんしゅじゅつ》をするのなら、生後《せいご》5〜6か月《げつ》までにすませるのがオススメ。予防接種《よぼうせっしゅ》もわすれずに。

3歳《さい》ごろから成長《せいちょう》がゆるやかになる。7歳《さい》ごろからすこしずつ体力《たいりょく》が落《お》ちてくるので、こまめに遊《あそ》んであげたり、エサをあげすぎないように気《き》をつけて。

だんだんと筋肉《きんにく》がおとろえて、高《たか》いところにのぼらなくなったりする。エサを老猫用《ろうびょうよう》に変《か》えたり、半年《はんとし》ごとに健康診断《けんこうしんだん》に行《い》くなど、ネコの健康《けんこう》に注意《ちゅうい》しよう。

第《だい》4章《しょう》

さよならのために ぼくが できること

天国《てんごく》に行《い》っても
思《おも》い出《で》はなくならない。

マロン　さいごまで幸《しあわ》せにすごすために

雑種《ざっしゅ》のオス、マロンは、十七歳《さい》だった。

「どうやら、口内炎《こうないえん》ができたみたいなんです。」

と服部先生《はっとりせんせい》のところに連《つ》れてきたのは、中年《ちゅうねん》の女《おんな》の人《ひと》だった。

マロンは十七年間《ねんかん》病《びょう》気《き》知《し》らずで、

「予防接種《よぼうせっしゅ》も、拾《ひろ》ってきた子《こ》ネコのときに一回《かい》しただけです。」

と飼《か》い主《ぬし》さんは説明《せつめい》した。

服部先生《はっとりせんせい》の診察《しんさつ》がはじまった。

いつもするように、動物看護師《どうぶつかんごし》さんが保定《ほてい》し、先生《せんせい》がマロンの口《くち》のなかを見《み》た。

（ん？　これは口内炎《こうないえん》じゃない……。）

マロンの口《くち》のなかからは、独特《どくとく》のにおいがした。口内炎《こうないえん》ではこんなにおいはしない。

「最近《さいきん》、よだれがひどくないですか？」

「ええ、そういえば。」

「出血《しゅっけつ》は？」

「ああ、よだれに血《ち》が混《ま》じっていることがあります。」

口臭《こうしゅう》、よだれ、出血《しゅっけつ》……それは、口《くち》のなかのガンの症状《しょうじょう》だ。

「腫瘍《しゅよう》かもしれません。」

「え、口内炎《こうないえん》じゃないんですか！」

「くわしい検査《けんさ》をやりますか？」

「ええ、ぜひ！」

服部先生《はっとりせんせい》は、すぐにマロンの口《くち》のなかの患部《かんぶ》、つまり悪《わる》いところに細《ほそ》い針《はり》をさして、細《さい》胞《ぼう》をとった。これを「細胞診《さいぼうしん》」という。そこに悪性《あくせい》の腫瘍《しゅよう》（ガン）があるかどうか顕微鏡《けんびきょう》で調《しら》べるのだ――。

数日後《すうじつご》、検査《けんさ》の結果《けっか》を聞《き》きに、飼《か》い主《ぬし》さんがやってきた。マロンはいっしょじゃなかった。

「病院《びょういん》になれてなくて、すごくストレスを感《かん》じるみたいだったから、連《つ》れてきませんでした。」

「ええ、かまいませんよ。」

服部先生《はっとりせんせい》は、きびしい報告《ほうこく》をしなくてはならない。

「やはり悪性《あくせい》の腫瘍《しゅよう》でした。扁平上皮《へんぺいじょうひ》ガンという病気《びょうき》です。」

飼《か》い主《ぬし》さんは、がっくりとかたを落《お》とした。

「……手術《しゅじゅつ》で治《なお》るんでしょうか。」

「はい、この病気《びょうき》は手術《しゅじゅつ》になります。しかし……。」

マロンは十七歳《さい》、人間《にんげん》でいうと八十四歳《さい》のおじいちゃんだ。

「全身麻酔《ぜんしんますい》によるリスク（危険性《きけんせい》）は、大《おお》きいですね。もちろん細心《さいしん》の注意《ちゅうい》をはらって、手術《しゅじゅつ》にのぞみますが。」

ネコが高齢《こうれい》だと、麻酔《ますい》の影響《えいきょう》がのこって腎臓《じんぞう》の働《はたら》きが悪《わる》くなることがある。最悪《さいあく》の場合《ばあい》は、麻酔《ますい》から覚《さ》めずにそのまま死《し》んでしまうこともある。

服部先生《はっとりせんせい》の説明《せつめい》にうなずき、飼《か》い主《ぬし》さんは、こうたずねた。

「もしも……手術《しゅじゅつ》をしないとしたら、どんな治療《ちりょう》がありますか？」

「完全《かんぜん》に治《なお》すことはできませんが、症状《しょうじょう》をやわらげるために、投薬《とうやく》や点滴《てんてき》をする方法《ほうほう》があります。」

「そうですか……。」

飼《か》い主《ぬし》さんはだまってしまった。

その日《ひ》も、待合室《まちあいしつ》にはたくさんのネコたちが待《ま》っていたけれど、服部先生《はっとりせんせい》は、飼《か》い主《ぬし》さんを急《せ》かすことはできなかった。

マロンは、死《し》に近《ちか》づいている。

飼《か》い主《ぬし》さんが、そのことを受《う》けとめるには、時間《じかん》がかかる。十七年《ねん》もいっしょにくらしたネコなのだから。

「マロンくんにどんな治療《ちりょう》をしていくのか……ご家族《かぞく》と相談《そうだん》されてはどうですか？」

と服部先生《はっとりせんせい》は提案《ていあん》した。

飼《か》い主《ぬし》さんは大《おお》きくうなずきながら、

「ああ、そうですね。そうします！」

そういい、薬《くすり》を受《う》けとって帰《かえ》っていった。

マロンの家族《かぞく》、田代家《たしろけ》には、お父《とう》さん、お母《かあ》さん、そして三人《にん》の娘《むすめ》がいる。

娘《むすめ》たちはみな、クラシックの音楽家《おんがくか》だ。

長女《ちょうじょ》はピアニスト、次女《じじょ》はビオラ奏者《そうしゃ》、三女《じょ》はバイオリニスト。

三人《にん》とも大人《おとな》になって、はなれてくらしているけれど、お母《かあ》さんが服部先生《はっとりせんせい》のところから帰《かえ》ってきた日《ひ》、連絡《れんらく》を受《う》けて、帰《かえ》ってきた。五人全員《にんぜんいん》がそろうのは、久《ひさ》しぶりのことだった。

リビングルームに五人《にん》がこしかけていると、いつのまにか、マロンもやってきた。

「昔《むかし》とおんなじね……。」

まんなかの娘《むすめ》がいうと、全員《ぜんいん》がうなずいた。

家族《かぞく》がそろうと、かならず、マロンがそのまんなかに、ちょこんとすわる。

まるで、家族会議《かぞくかいぎ》のまとめ役《やく》のように。

娘《むすめ》たちの大学進路《だいがくしんろ》のことなど、家族《かぞく》にとってたいせつな相談《そうだん》をするときは、いつもそうだった。

（マロン、きょうはちがうのよ。きょうの話《はな》しあいは、あなたの病気《びょうき》のことなの……。）

そうとは知《し》らないマロンは、五人《にん》にかこまれて安心《あんしん》なのか、ゆっくりと寝《ね》そべっている。

「……いつまでも元気《げんき》だと思《おも》ってたけど、マロンもやっぱり年《とし》をとってたのね。」

とお母《かあ》さんは話《はな》しはじめた。

半年《はんとし》ぐらい前《まえ》から、マロンはお母《かあ》さんのひざの上《うえ》に来《く》るようになった。

あまえん坊《ぼう》さんになったのかな？

お母《かあ》さんは、ちょっとうれしかった。

マロンのからだをブラッシングするのが、日課《にっか》になった。

「前《まえ》なら、マロンは自分《じぶん》で、朝晩《あさばん》、毛《け》づくろいしてたのにね。もうそれが、おっくうになるぐらい、おじいさんになってたってことなんだわ。」

最近《さいきん》のことだ。お母《かあ》さんが首《くび》のあたりをさわっていたら、マロンは短《みじか》く悲鳴《ひめい》をあげて、お母《かあ》さんのひざの上《うえ》から、とびのいた。

「……あれは、口《くち》のなかのガンが痛《いた》かったのかもしれない。マロン、ごめんね。お母《かあ》さん、ちっとも気《き》づいてやれなくて。」

お母《かあ》さんが思《おも》わず、「ガン」ということばを口《くち》にしたからか、三人《にん》の娘《むすめ》たちはみな、つらそうな顔《かお》になった。

信《しん》じたくない、ガンだなんて。

でも現実《げんじつ》だ。受《う》けとめなくちゃ……。

「マロンを拾《ひろ》ってきたのは、だれだったかな?」

お父《とう》さんが口《くち》を開《ひら》いた。

「お姉《ねえ》ちゃんでしょ。」

「ちがうわよ、あなたでしょ。」

三人《にん》が話《はな》しはじめた。

みな、マロンが家《いえ》にやってきたころを思《おも》い出《だ》していた……。

「ねえねえ、お父《とう》さん。この子《こ》すっごくハンサムだよ。」

「そうよ、こんなネコ、ほかにいないから！」

小学生《しょうがくせい》の娘《むすめ》たちが、声《こえ》をそろえていうものだから、イヌ好《ず》きのお父《とう》さんもついにゆるした。

「わかった。じゃあこの子《こ》を飼《か》うことにするか。」

ハンサムな捨《す》てネコは、マロンと名《な》づけられた。

美《うつく》しい栗色《くりいろ》の毛《け》をしていたから。

ところが数日後《すうじつご》、いちばん下《した》の娘《むすめ》のうでに、湿疹《しっしん》ができた――。

「あ、アレルギーだ……。」

ネコアレルギーだったら、家《いえ》のなかで飼《か》う

ことはできない。

「じゃあ、庭《にわ》で飼《か》うことにしようか。」

家族《かぞく》は交代《こうたい》で、マロンにエサをやった。

「マロン、ごはんだよ。」

ある日《ひ》の夕方《ゆうがた》、お母《かあ》さんが、フードの入《はい》った器《うつわ》を持《も》って庭《にわ》におりると、やってくるはずのマロンがいつまでたっても来《こ》ない。

「マロン！　マロン！」

家《いえ》のまわりを探《さが》してもマロンのすがたがない。

翌日《よくじつ》、お母《かあ》さんは、近所《きんじょ》の八百屋《やおや》さんにたずねた。

「栗色《くりいろ》の毛《け》をした子《こ》ネコ、見《み》ませんでしたか？」

「あら〜、あの子《こ》、田代《たしろ》さんちのネコだったの！」

マロンは、八百屋《やおや》さんの店先《みせさき》に来《き》ていたという。それを見《み》ていた肉屋《にくや》のおじさんが、

「おれが捨《す》ててきてやるよ。」

とマロンを連《つ》れていったというのだ。

「捨《す》ててきた⁉」

肉屋《にくや》のおじさんは、となりまちまで行《い》って、捨《す》ててきたというのだ。

それからがたいへんだった。

家族《かぞく》は、「ネコを探《さが》しています。」というビラを作《つく》って、配《くば》った。

町《まち》の有線放送《ゆうせんほうそう》で、「栗色《くりいろ》の子《こ》ネコを見《み》かけたら、お知《し》らせください。」と流《なが》してもらったりもした。すると、

「公園《こうえん》で、子《こ》ネコが子《こ》どもたちとあそんでるの、見《み》ましたよ。」

と目撃情報《もくげきじょうほう》が入《はい》った。

それは車《くるま》で三十分《ぷん》もかかる場所《ばしょ》だった。

お母《かあ》さんは、車《くるま》を走《はし》らせた。子《こ》どもたちにお礼《れい》としてあげようと思《おも》って、お菓子《かし》もつみこんで。

たしかに公園《こうえん》に子《こ》ネコがいた。でもそれは、マロンとはちがう、別《べつ》のネコだった。

しかたなくお母《かあ》さんは、子《こ》どもたちにお菓子《かし》を配《くば》って、帰《かえ》ってきた。

マロンがいなくなって四日目《よっかめ》、また目撃情報《もくげきじょうほう》が入《はい》った。

やはり、公園《こうえん》で子《こ》どもたちとあそんでいる子《こ》ネコがいるという話《はなし》だった。

お母《かあ》さんはまた、車《くるま》を走《はし》らせた。

ネコを見《み》たとたんにわかった。

「マロンだぁ！」

お母《かあ》さんは、しっかりとマロンを抱《だ》きあげた。

「みんな、ありがとう。」

お母《かあ》さんは、手元《てもと》になにも持《も》ってないことに気《き》がついた。

「ごめんね。お礼《れい》にお菓子《かし》をあげようと思《おも》ってたのに、あわてて家《いえ》を出《で》てきたから、持《も》ってくるのわすれちゃった……。」

でも子《こ》どもたちは、お菓子《かし》のことなんかぜんぜん気《き》にしていなかった。

「おうちの人《ひと》がおむかえに来《き》てくれてよかったね。」

みんな手《て》をふって、お母《かあ》さんとマロンを見送《みおく》ってくれた……。

「マロンが帰《かえ》ってきた日《ひ》、お父《とう》さん、なんていったか、覚《おぼ》えてる？」

といちばん上《うえ》の娘《むすめ》が、笑《わら》いながらいった。

「なにかいったかなあ……。」

「いいましたよ。」

お母《かあ》さんも覚《おぼ》えていた。

「『ネコってこんなにかわいかったんやあ。』って、お父《とう》さん、そういったのよ。」

イヌ派《は》だったお父《とう》さんも、無事《ぶじ》にもどってきてくれたマロンを、とても愛《いと》おしく思《おも》ったのだ。

「ねえねえ。あたしのネコアレルギーはどうやって治《なお》ったんだっけ？」

いちばん下《した》の娘《むすめ》が、お母《かあ》さんに聞《き》いた。

「ううん、あれはネコアレルギーじゃなくて、『とびひ』っていう別《べつ》の病気《びょうき》だったの。それもすぐに治《なお》ったのよ。」

「なあーんだ。そうだったんだ。」

三人《にん》の娘《むすめ》たちが笑《わら》う。

「あたしたちが、中学生《ちゅうがくせい》になり高校生《こうこうせい》になるのを、マロンはずっと見守《みまも》ってくれてたんだね。」

そうだ、家《いえ》のなかには、いつも楽器《がっき》の音色《ねいろ》がひびいていた。

ピアノ、ビオラ、バイオリン。

「練習《れんしゅう》サボりたい日《ひ》もあったなあ。」

「そんな日《ひ》はあたしたち、いつまでも、マロンとあそんでたね。」

「あたし、お母《かあ》さんにおこられたことがあったのよ。『いつになったら練習《れんしゅう》はじめるの?』って。」

とまんなかの娘《むすめ》が思《おも》い出《だ》す。お母《かあ》さんが話《はなし》を続《つづ》ける。

「だって、またサボってると思《おも》ったんだもの。」

「でもちがったの。マロンが気持《きも》ちよさそうにあたしのひざの上《うえ》で寝《ね》てたから、ソファから動《うご》けなかったのよ。」

「そう、何時間《なんじかん》もね!」

マロンは、練習《れんしゅう》のスケジュールなんて知《し》ったこっちゃない。

お姉《ねえ》ちゃんのひざの上《うえ》が、あたたかくてやわらかくて、そうしていただけ。

マロンは、家族《かぞく》の愛情《あいじょう》をいっぱいいっぱいもらいながら生《い》きてきた。十七年間《ねんかん》も――。

「手術《しゅじゅつ》はしないことに決《き》めました。」

服部先生《はっとりせんせい》のところにお母《かあ》さんがやってきて、そういった。

「家族全員《かぞくぜんいん》、おなじ気持《きも》ちなので。」

「わかりました。」

と服部先生《はっとりせんせい》は答《こた》えた。

「延命治療《えんめいちりょう》もしないことにします。」

延命治療《えんめいちりょう》とは、病気《びょうき》が治《なお》るわけではないけれど、死《し》なせないために薬《くすり》を続《つづ》けたり、機械《きかい》につなげたりすることをいう。

「点滴《てんてき》もしません……たぶん入院《にゅういん》もさせないと思《おも》います。」

お母《かあ》さんは、ちょっとすまなそうな表情《ひょうじょう》でいった。

マロンは、病院《びょういん》になれていない。よけいなストレスをかけたくないのだろうと、服部先《はっとりせん》生《せい》は理解《りかい》した。

「さいごまで、家《いえ》で介護《かいご》してやりたいと思《おも》っています。」

服部先生《はっとりせんせい》は、「はい。」と大《おお》きくうなずいた。

「これからは、マロンちゃんの好《す》きなものを食《た》べさせてあげてください。」

獣医《じゅうい》さんは、動物《どうぶつ》を診断《しんだん》し治療《ちりょう》することが仕事《しごと》だけれど、どうするかを決《き》めるのは飼《か》い主《ぬし》さんだ、と先生《せんせい》は思《おも》っている。

「すぐにご家族《かぞく》が話《はな》しあわれて、結論《けつろん》が出《で》てよかったです。」

場合《ばあい》によっては、家族《かぞく》で意見《いけん》が対立《たいりつ》することもある。

でも田代家《たしろけ》では、「全員《ぜんいん》がおなじ気持《きも》ち」と聞《き》いて、服部先生《はっとりせんせい》はほっとしていた。

帰《かえ》ろうとするお母《かあ》さんに、先生《せんせい》は声《こえ》をかけた。

「いつでもご相談《そうだん》にいらしてください。」

お母《かあ》さんは安心《あんしん》したように笑《わら》って、おじぎをした。


マロンはすでに、カリカリのフードを食《た》べなくなっていた。

(きっと口《くち》のなかが痛《いた》いんだわ。)

と思《おも》ったお母《かあ》さんは、缶入《かんい》りのやわらかいフードをやるようになっていた。

「さあ、マロン。ごはんよ。」

最初《さいしょ》は食《た》べていたけれど、これもまた食《た》べなくなってしまった。

（こうなったら、点滴《てんてき》で栄養《えいよう》を入《い》れるしかないのかしら。）

けれど、マロンを病院《びょういん》に連《つ》れていったら、大《おお》きなストレスがかかって、それでいのちをちぢめてしまうかもしれない。

お母《かあ》さんは、思《おも》いきって、服部先生《はっとりせんせい》のところに相談《そうだん》に行《い》った。

「ごはんを食《た》べさせるよい方法《ほうほう》はないでしょうか。」

「ペースト状《じょう》のフードがありますから、それを上《うわ》あごにはりつけてあげたらいいと思《おも》いますよ。」

ペースト状《じょう》とは、食《た》べ物《もの》のかたちがなくなるまでつぶしてあって、マヨネーズのようなどろっとした状態《じょうたい》になっていること。

動物看護師《どうぶつかんごし》さんが、口《くち》の開《あ》け方《かた》を教《おし》えてくれる。

「上《うわ》あごはいくら引《ひ》っぱっても開《あ》きません。下《した》あごを下《した》に引《ひ》っぱってやると、しぜんと口《くち》が開《あ》きます。」

お母《かあ》さんは、動物看護師《どうぶつかんごし》さんの〝模範演技《もはんえんぎ》〟を感心《かんしん》してながめた。

「わかりました、やってみます！」

家《いえ》で、動物看護師《どうぶつかんごし》さんのまねをしてマロンの下《した》あごを引《ひ》っぱると、うまく口《くち》が開《あ》いた。

ペースト状《じょう》になったフードを指《ゆび》にのせ、ぺたっと上《うわ》あごにはってみる。

時間《じかん》をおいてまたマロンの口《くち》のなかをのぞいてみたら、そのフードがなくなっている！

「マロン、食《た》べたのね！　ごはん食《た》べたのね！」

マロンに「食《た》べた」って感覚《かんかく》はないのかもしれない。

けれど、マロンの口《くち》のなかの唾液《だえき》が、フードの栄養《えいよう》をからだのなかに運《はこ》んでくれている。

こうして食事《しょくじ》には少《すこ》し手間《てま》がかかったけれど、うんちとおしっこは、毎日《まいにち》、自分《じぶん》のトイレですませ、マロンはめんどうをかけなかった。

お母《かあ》さんはすっかりマロンのグルーミング係《がかり》。お母《かあ》さんがブラシを持《も》ってくると、マロンはちょこんとそのひざにのる。

お母《かあ》さんは思《おも》い出《だ》していた……。

三人《にん》の娘《むすめ》たちが、順番《じゅんばん》に音楽大学《おんがくだいがく》を卒業《そつぎょう》して、家《いえ》を出《で》ていったあとは、お父《とう》さんとふたりきりになったけれど、さびしい思《おも》いをしなかったのは、マロンがそばにいてくれたからだ。

一度《いちど》、お母《かあ》さんはひざを悪《わる》くして、それからからだじゅうの関節《かんせつ》が痛《いた》むようになった。外《そと》に出《で》ることもできず、ほとんどベッドに寝《ね》ていたとき、マロンもまた、トコン、トコン、と痛《いた》そうに一段《だん》ずつ階段《かいだん》をおりるようになった。

「ネコも十歳《さい》をすぎると、関節《かんせつ》にくるのかなあ。」

とお母《かあ》さんは思《おも》った。ところが――。

お母《かあ》さんの関節炎《かんせつえん》が治《なお》ったとたん、マロンもまた、元《もと》のように、階段《かいだん》をかけのぼったり、かけおりたり、目《め》にもとまらぬ速《はや》さで動《うご》きまわるようになった。

理由《りゆう》はわからない。

ただ、お母《かあ》さんの「症状《しょうじょう》」がマロンにうつったとしか思《おも》えなかった。

三人《にん》の娘《むすめ》たちは、ときどき、家《いえ》によっては、お母《かあ》さんの代《か》わりに、マロンにごはんをあげたり、グルーミングをしてくれた。

でもそれも一か月《げつ》あまり。

マロンは、お母《かあ》さんからしか、ごはんを受《う》けつけないようになった。

そして毎晩《まいばん》、お母《かあ》さんのベッドでいっしょに眠《ねむ》った。口《くち》から出血《しゅっけつ》し、お母《かあ》さんが朝起《あさお》きると、いつもシーツに血《ち》のしみがついていた。

田代家《たしろけ》のベランダには、毎朝《まいあさ》、洗濯《せんたく》したシーツがはためいた。

マロンが少《すこ》しずつ弱《よわ》っていくのがわかる。

それでも、お母《かあ》さんが外《そと》から帰《かえ》ってくるとき、マロンはとことこと歩《ある》いて、玄関《げんかん》までむかえに来《き》た。

お父《とう》さんや娘《むすめ》たちが帰《かえ》ってきても、それはやらない。

お母《かあ》さんのときだけ、かならず――。

マロンの介護《かいご》がはじまってから二か月《げつ》がたったころ。

いつものように、お母《かあ》さんがグルーミングをしていたら、マロンの毛《け》がばさっとたばになって抜《ぬ》けた。

そしてその翌日《よくじつ》、マロンがなかなかトイレに行《い》こうとしないので、お母《かあ》さんがだっこをしてトイレの場所《ばしょ》まで連《つ》れていった。お母《かあ》さんが立《た》たせようとしたら、マロンのこしがくだけて、すわりこんでしまった。

また、いつものように、ペースト状《じょう》のごはんを上《うわ》あごにはりつけたけれど、それはちっともなくならない。

(来《く》るときが来《き》たのかもしれない……。)

お母《かあ》さんは覚悟《かくご》を決《き》めた。

その夜《よる》、マロンは二回《かい》、おもらしをした。

「娘《むすめ》たちを呼《よ》ぼうか。」

とお父《とう》さんがいった。お父《とう》さんもまた、お母《かあ》さんとおなじ気持《きも》ちになっていたのだ。

お母《かあ》さんはすぐに、三人《にん》の娘《むすめ》たちに連絡《れんらく》を入《い》れた。

その日《ひ》は三人《にん》とも、演奏《えんそう》の仕事《しごと》が入《はい》っていて、夜中《よなか》にならないと来《こ》られない。

「マロン、お姉《ねえ》ちゃんたちが来《く》るからね。待《ま》っててね。」

お母《かあ》さんは何度《なんど》も声《こえ》をかけた。

マロンの息《いき》がみだれてきた……。
そしてマロンのひとみは、じっとお母《かあ》さんに向《む》けられている。
お母《かあ》さんはまぶたをとじさせようとしたが、うまくいかない。
目《め》のまわりの筋肉《きんにく》がかたくなりはじめていた。
（マロンはまだ、息《いき》をしているのに！）
夜中《よなか》の一時前《じまえ》になって、三人《にん》の娘《むすめ》たちが立《た》て続《つづ》けに、帰《かえ》ってきた。
「マロン！　マロン！」
三人《にん》が呼《よ》びかける。
マロンの息《いき》づかいがますます激《はげ》しくなっていく。

（苦《くる》しいの？　マロン、お姉《ねえ》ちゃんたちを待《ま》っててくれたのね。もういいよ……もう楽《らく》になっていいよ……。）

お母《かあ》さんは祈《いの》るような気持《きも》ちで思《おも》った。

そのときマロンが、大《おお》きく息《いき》を吸《す》った。そして二度《にど》と吐《は》かなかった。

五人《にん》が見守《みまも》るなか、マロンは、息《いき》を引《ひ》きとった――。

十七歳《さい》と五か月《げつ》だった。


服部先生《はっとりせんせい》のところに、お母《かあ》さんが報告《ほうこく》にやってきた。

「お世話《せわ》になりました。」

「二か月間《げつかん》マロンの介護《かいご》をしたのは田代《たしろ》さんですよ。」

と先生《せんせい》はいった。

「いえ、いつでも話《はなし》を聞《き》いてもらえると思《おも》うだけで、安心《あんしん》できました。」

とお母《かあ》さんはいう。

「じつは……。」

お母《かあ》さんはことばをえらびながら、話《はな》しはじめた。

「マロンがごはんもうまく食《た》べられなくなって……さぞかし口《くち》のなかが痛《いた》いんだろうと思《おも》うと……とてもかわいそうで。楽《らく》にしてあげたほうがいいのかな、と思《おも》ったこともあるんです。」

それは、安楽死《あんらくし》のことも考《かんが》えた、という意味《いみ》だった。

「でも娘《むすめ》たちにそれを話《はな》したら、『ぜったいダメ!』というんです。わたしも、マロンががんばっているあいだは自分《じぶん》もがんばろうって、思《おも》いなおしました。」

「ほんとうにすてきなご家族《かぞく》ですね。わざわざご報告《ほうこく》に来《き》ていただいて、ありがとうございます。」

と先生《せんせい》はやさしい笑顔《えがお》で答《こた》えた。

最後《さいご》にお母《かあ》さんは、こういった。

「マロンに……自然《しぜん》のいとなみを見《み》せてもらいました。」

ミリィ　病気《びょうき》とたたかい続《つづ》けるために

ミリィはメスの三毛《みけ》ネコ。ちょっと短《みじか》い「かぎしっぽ」の子《こ》だ。

ミリィは、飼《か》い主《ぬし》の諸岡《もろおか》さんの友《とも》だちの家《いえ》で生《う》まれたネコだった。

「一匹残《ぴきのこ》ってるの。もらってくれる人《ひと》がいなかったら、処分《しょぶん》しようかなって。」

それを聞《き》いて急《いそ》いでその友《とも》だちのところに行《い》き、売《う》れ残《のこ》りみたいな子《こ》ネコを引《ひ》きとり、諸岡《もろおか》さんは、ミリィと名付《なづ》けた。

ミリィが七歳《さい》のとき、諸岡《もろおか》さんの家《うち》に女《おんな》の赤《あか》ちゃんが生《う》まれ、そして十歳《さい》のときに、男《おとこ》の赤《あか》ちゃんが生《う》まれた。

「ミリィって、わたしの子《こ》どもを、自分《じぶん》の妹《いもうと》と弟《おとうと》だと思《おも》ってるみたいなんです。ベッドにいっしょに寝《ね》てたんですけど、赤《あか》ちゃんが起《お》きると、ミリィがわたしを呼《よ》びに来《き》たんですよ。」

「そりゃ優秀《ゆうしゅう》なベビーシッターだな。」

赤《あか》ちゃんは、ミリィの後《あと》に続《つづ》いて、はいはいをする。

ミリィは、後《うし》ろをふりかえり、（ちゃんとついてきてるかな。）とたしかめる。

「ミリィったら、歩《ある》いてはふりかえり、歩《ある》いてはふりかえり……子《こ》どもたちも、しっかり後《あと》に続《つづ》いてはいはいをしたんですよ。」

「ほほう。」

「それからね、先生《せんせい》。」

「あ、はい……。」

諸岡《もろおか》さんは、東京猫医療《とうきょうねこいりょう》センターができるまえから服部先生《はっとりせんせい》にミリィを診《み》てもらっているので、先生《せんせい》の顔《かお》を見《み》るとついつい話《はなし》をしたくなる。

「下《した》の男《おとこ》の子《こ》は、力《ちから》まかせにミリィのことをなでるんですけど、ミリィは一度《いちど》も怒《おこ》ったことがないんです。ひたすらがまんしてるんです。」

服部先生《はっとりせんせい》はミリィをほめるようにそっと首《くび》のあたりをなでた。

別《べつ》の日《ひ》、ミリィがめずらしく、予防接種《よぼうせっしゅ》以外《いがい》で服部先生《はっとりせんせい》のところにやってきた。

病気《びょうき》は膀胱炎《ぼうこうえん》だった。

おしっこがたまる膀胱《ぼうこう》に、ばい菌《きん》が発生《はっせい》してなる病気《びょうき》。

「よく気《き》づきましたね。」

と服部先生《はっとりせんせい》はいった。

「ミリィがいつものトイレに、入《はい》っては出《で》て入《はい》っては出《で》てをくりかえしてるからおかしいな、と思《おも》ったんです。でトイレの砂《すな》を見《み》たら、いつもはおしっこでかたまるかたまりが四センチぐらいなのに、五ミリくらいの小《ちい》さなかたまりが何個《なんこ》もあったので、びっくりして――。」

諸岡《もろおか》さんが話《はな》すのは、ミリィのじまんばかりではなかった。

子《こ》どもふたりを育《そだ》てながらも、しっかりミリィの生活《せいかつ》を観察《かんさつ》している人《ひと》だった。

気《き》づくのが早《はや》かったので、ミリィの膀胱炎《ぼうこうえん》は、薬《くすり》で治《なお》った。

つぎにミリィがやってきたのは、十三歳《さい》のとき。

「先生《せんせい》、ここのところにしこりが……。」

諸岡《もろおか》さんは、診察台《しんさつだい》のミリィのおなかをゆびさしていった。

服部先生《はっとりせんせい》は、慎重《しんちょう》におなかに触《ふ》れ、たしかにしこりがあるのを確認《かくにん》した。

「こんなに小《ちい》さいのを……よく気《き》づきましたね。」

先生《せんせい》は感心《かんしん》してまた、そういっていた。

さわっただけでは、良性《りょうせい》か悪性《あくせい》か、つまり深刻《しんこく》でない腫瘍《しゅよう》か、ガンのような悪《わる》い腫瘍《しゅよう》かは判断《はんだん》できない。

「手術《しゅじゅつ》をして、取《と》りますか。」

と服部先生《はっとりせんせい》は提案《ていあん》した。

「でも、十三歳《さい》で全身麻酔《ぜんしんますい》をするのは、危険《きけん》ではないのですか？」

諸岡《もろおか》さんはよく勉強《べんきょう》していた。

たしかに年老《としお》いたネコに全身麻酔《ぜんしんますい》をすれば、からだの負担《ふたん》は大《おお》きい。

「しこりはまだ小《ちい》さいので手術《しゅじゅつ》の時間《じかん》を短《みじか》くすることで、からだへの負担《ふたん》をかるくしようと思《おも》います。」

服部先生《はっとりせんせい》は、そう説明《せつめい》した。

先生《せんせい》の話《はなし》を聞《き》いて、諸岡《もろおか》さんも気持《きも》ちを決《き》めた。

「手術《しゅじゅつ》をお願《ねが》いします。」

ミリィのしこりを取《と》る手術《しゅじゅつ》が行《おこな》われた。

全身麻酔《ぜんしんますい》の悪《わる》い影響《えいきょう》は出《で》ずに、手術《しゅじゅつ》は終《お》わり、ミリィはぶじに目覚《めざ》めた。

手術後《しゅじゅつご》は病院《びょういん》でようすを見《み》ることになっている。

服部先生《はっとりせんせい》は、気《き》になる入院患者《にゅういんかんじゃ》がいると、夜《よる》にまた病院《びょういん》にやってきて、ネコたちの具合《ぐあい》をたしかめる。

「おい、ミリィは大丈夫《だいじょうぶ》かい？」

先生《せんせい》はミリィのようすをしばらく見《み》ていた。

そしてつぎの日《ひ》の朝《あさ》、先生《せんせい》は諸岡《もろおか》さんに電話《でんわ》した。

「ミリィちゃんをおむかえにいらしたほうがいいと思《おも》います。」

「なにかあったんでしょうか？」

「ミリィちゃんは、ほかのネコたちといっしょにいるのが、とてもストレスになっているようです。ほかのネコが鳴《な》くと、かたまっていました。家《いえ》でご家族《かぞく》とすごすほうが、元気《げんき》になるのも早《はや》いのではないかと。」

服部先生《はっとりせんせい》はそういった。

諸岡《もろおか》さんには、覚《おぼ》えがあった。ミリィを庭《にわ》に出《だ》していると、ノラネコとケンカになることがあった。

強《つよ》いネコは、頭《あたま》や前足《まえあし》にケガをする。でもミリィはおしりや後《うし》ろ足《あし》をケガしていた。きっといつも負《ま》けていたのだろう。

「入院《にゅういん》しているあいだに、怖《こわ》かったときのことを思《おも》い出《だ》したんでしょうか。」

「そうかもしれませんね。とにかく、気持《きも》ちがおだやかでないと、からだにも悪《わる》い影響《えいきょう》が出《で》ますから。」

「わかりました。」

諸岡《もろおか》さんは、すぐにむかえにいった。そして、抜糸《ばっし》までの一週間《しゅうかん》、ミリィといっしょに通院《つういん》して、診察《しんさつ》や傷口《きずぐち》の消毒《しょうどく》をしてもらった。

「しこりの検査《けんさ》の結果《けっか》が出《で》ましたよ。良性《りょうせい》でした。」

「ほんとうですか！」

諸岡《もろおか》さんの顔《かお》がいっきにほころんだ。ミリィのおなかにあったのは、「肥満細胞腫《ひまんさいぼうしゅ》」というかたまりだった。


それからミリィは病気《びょうき》もせず、ずっと健康《けんこう》で、なんと十九歳《さい》の誕生日《たんじょうび》をむかえた。

ミリィの「妹《いもうと》」は小学六年生《しょうがくねんせい》、「弟《おとうと》」は三年生《ねんせい》になっていた。

「二十歳《さい》までがんばろうね！」

とふたりはミリィをはげました。

「ねえママ。ミリィはこのごろ、よくお水《みず》を飲《の》むね。しょっぱいおやつなんかあげてないのに、どうしてかなあ。」

六年生《ねんせい》のお姉《ねえ》ちゃんがいった。

お姉《ねえ》ちゃんも、母親《ははおや》に似《に》て、ミリィのことをよく観察《かんさつ》していた。

「一度《いちど》、服部先生《はっとりせんせい》のところで診《み》てもらおうか。」

「そうしようよ、ママ。」

ミリィは、いろんな検査《けんさ》を受《う》けた。

血液検査《けつえきけんさ》、尿検査《にょうけんさ》、レントゲン検査《けんさ》、エコー検査《けんさ》。

服部先生《はっとりせんせい》は、その結果《けっか》を何度《なんど》も見《み》かえした。……いい結果《けっか》ではなかった。

「おそらく、甲状腺機能亢進症《こうじょうせんきのうこうしんしょう》という病気《びょうき》だと思《おも》います。」

甲状腺《こうじょうせん》とはホルモンを出《だ》す場所《ばしょ》のこと。甲状腺機能亢進症《こうじょうせんきのうこうしんしょう》とは、その甲状腺《こうじょうせん》がなぜか大《おお》きくなってしまい、甲状腺《こうじょうせん》ホルモンが必要以上《ひつよういじょう》にたくさん出《で》てしまう病気《びょうき》のことだ。

ごはんはたくさん食《た》べるのにやせてしまったり、水《みず》をたくさん飲《の》んでおしっこもたくさんしたり、吐《は》いたり下痢《げり》をしたりという症状《しょうじょう》が出《で》る。

この病気《びょうき》が重《おも》くなると、いのちにかかわることも多《おお》い。

「高齢《こうれい》のネコがなりやすい病気《びょうき》なんです。」

と服部先生《はっとりせんせい》は説明《せつめい》した。

「じゃあ、ミリィは二十歳《さい》まで生《い》きられないんですか？」

と六年生《ねんせい》のお姉《ねえ》ちゃんが先生《せんせい》にたずねた。

「手術《しゅじゅつ》で甲状腺《こうじょうせん》を取《と》るという方法《ほうほう》もあるけど、いまのミリィに、手術《しゅじゅつ》は負担《ふたん》が大《おお》きすぎる。ぼくは賛成《さんせい》しないな。」

服部先生《はっとりせんせい》がはっきりいうと、飼《か》い主《ぬし》であるお母《かあ》さんも、大《おお》きくうなずいた。

「ほかにどんな治療方法《ちりょうほうほう》がありますか？」

「食事療法《しょくじりょうほう》、もしくは投薬《とうやく》、つまりお薬《くすり》を飲《の》ませるという方法《ほうほう》があります。ただ、食事療《しょくじりょう》法《ほう》はネコがいやがってエサを食《た》べなくなってしまうこともあるので注意《ちゅうい》が必要《ひつよう》です。」

「ミリィにはお薬《くすり》のほうがいいかもしれないですね。」

甲状腺機能亢進症《こうじょうせんきのうこうしんしょう》の薬《くすり》には、甲状腺《こうじょうせん》ホルモンが出《で》る量《りょう》を正常《せいじょう》にもどす効果《こうか》がある。けれど、病気自体《びょうきじたい》を治《なお》すわけではないので、ずっと飲《の》みつづけなくてはならない。

「ミリィの苦痛《くつう》をできるだけ取《と》りのぞくためのお薬《くすり》、と思《おも》ってください。」

服部先生《はっとりせんせい》は、諸岡《もろおか》さんにそう説明《せつめい》した。

先生《せんせい》は、ミリィの体調《たいちょう》を少《すこ》しでも楽《らく》にしてやること、そして、子《こ》どもたちがミリィとすごす時間《じかん》を可能《かのう》なかぎりのばしてあげること、このふたつを目指《めざ》そうと思《おも》った。

先生《せんせい》の気持《きも》ちは、子《こ》どもたちにもとどいた。

「ミリィだって、あたしたちのことが大好《だいす》きだと思《おも》うから、あたしたちがお世話《せわ》してあげる！」

子《こ》どもたちはじっさいに、お薬《くすり》を飲《の》ませてあげたり、トイレをきれいにしてあげたり……ミリィとの日々《ひび》をとてもたいせつにすごした。


三か月《げつ》がたったある日《ひ》……。

その日《ひ》、お母《かあ》さんが夕方家《ゆうがたいえ》に帰《かえ》ると、ミリィは、お気《き》に入《い》りのイスの上《うえ》にはいなくて、床《ゆか》の上《うえ》に寝《ね》ていた。朝置《あさお》いていったフードはそのまんま残《のこ》っている。

これはふつうじゃない、と思《おも》ったお母《かあ》さんは、お父《とう》さんに電話《でんわ》をかけ、それから急《いそ》いで、バレエ教室《きょうしつ》に行《い》っていたお姉《ねえ》ちゃんをむかえに行《い》った。

家族四人《かぞくにん》は、夜《よる》の十二時《じ》までミリィのそばにいたけれど、お母《かあ》さんを残《のこ》して、三人《にん》は寝《ね》ることになった。

夜中《よなか》の三時《じ》、ミリィはとつぜん立《た》ち上《あ》がり、歩《ある》きだした。

「ミリィ、どこに行《い》くの？」

お母《かあ》さんが後《あと》を追《お》う。ミリィは、トイレの仕切《しき》りをしっかりまたいで、おしっこをすませると、そばのせまいスペースに入《はい》って、寝《ね》はじめた。

動《うご》かすのもかわいそうと思《おも》ったお母《かあ》さんは、自分《じぶん》もそのそばに布団《ふとん》をしいて寝《ね》た。

四時《じ》になって、交代《こうたい》しようとお父《とう》さんが起《お》きてきたら……すでにミリィの息《いき》はなかった。

お母《かあ》さんが寝入《ねい》っているそばで、ミリィは静《しず》かに息《いき》を引《ひ》きとっていた。

六時《じ》にふたりの子《こ》どもたちが起《お》きてくると、そこにはお父《とう》さんとお母《かあ》さんが作《つく》った祭壇《さいだん》があり、ミリィが横《よこ》たわっている。

ふたりは、大声《おおごえ》で泣《な》いた。泣《な》いて泣《な》いて泣《な》きやまなかった。

ふたりが動物《どうぶつ》のなきがらを間近《まぢか》に見《み》るのは、はじめてのこと。

(怖《こわ》がるかしら。)

とお母《かあ》さんは少《すこ》し心配《しんぱい》したが、子《こ》どもたちはずっと、ミリィのからだをなでたりほおずりしたりしていた。
翌日《よくじつ》、家族《かぞく》四人《にん》で、動物霊園《どうぶつれいえん》に行《い》き、お葬式《そうしき》をした。
お棺《かん》には、ミリィが大好《だいす》きだったフエルトのボールを入《い》れてあげた。
子《こ》どもたちは、ミリィへのメッセージを書《か》いて入《い》れた。
「ミリィさんへ
とっても楽《たの》しかったよ。
いなくなってさみしいけど、いままでほんとうにありがとう。
ミリィ大好《だいす》き大好《だいす》き大好《だいす》き。」（お姉《ねえ》ちゃん）
「ミリィへ
人生楽《じんせいたの》しかったか？　ぼくは楽《たの》しかったよ。
ぼくが泣《な》いてるとき、なぐさめてくれただろ？　ほんとうにありがとう。」（弟《おとうと》）
お姉《ねえ》ちゃんも弟《おとうと》もたくさん泣《な》いたけれど、ミリィが二十歳《さい》の誕生日《たんじょうび》をむかえられなかったことは、それほどかなしいとは思《おも》わなかった。
「だってミリィは、せいいっぱい生《い》きて、天国《てんごく》に旅立《たびだ》ったんだもん。」

ミリィが亡《な》くなってから、七か月《げつ》がたった。

東京猫医療《とうきょうねこいりょう》センターの待合室《まちあいしつ》に、お母《かあ》さんのすがたがあった。

「先生《せんせい》、予防接種《よぼうせっしゅ》をお願《ねが》いします。」

ケージのなかからは、子《こ》ネコが二匹《ひき》よちよちと、はいだしてきた。

「どうしたんですか！」

先生《せんせい》の顔《かお》は思《おも》わずほころんでいた。

お母《かあ》さんは、元気《げんき》よく説明《せつめい》した。

「わたしはミリィのことばっかり思《おも》い出《だ》してて、新《あたら》しい子《こ》を飼《か》おうなんてぜんぜん思《おも》ってなかったんですけどね、子《こ》どもたちはネコの

いないくらしがさびしくてしかたなかったみたいなんですよぉ。」

親子《おやこ》は、保護《ほご》ネコのいるカフェに出《で》かけていった。どうしても、ネコにふれたくなって。保護《ほご》ネコとは、いろいろな理由《りゆう》から飼《か》い主《ぬし》がいなくて、新《あたら》しい飼《か》い主《ぬし》を待《ま》っているネコたちのことだ。

お姉《ねえ》ちゃんが、メスのぶちの子《こ》をだっこして「この子《こ》を飼《か》いたいな！」といい、弟《おとうと》はオスのトラネコをだっこして「ぼくはこの子《こ》がいい。」というので、けっきょく、二匹《ひき》とも引《ひ》きとることにした。

メスネコの名前《なまえ》はルル、オスネコはモモ。子《こ》どもたちが名《な》づけた。

「子《こ》どもたちが生《う》まれたときに、ミリィはすでに大人《おとな》のネコだったので、いま、子《こ》ネコの世話《せわ》をするのがとてもおもしろいみたいですよ。」

「きっと子《こ》ネコのことをたくさん世話《せわ》して、たくさん好《す》きになってくれるでしょう。」

と服部先生《はっとりせんせい》はほほえんだ。

「うれしいな。」と服部先生《はっとりせんせい》は話《はな》しはじめた。

「ネコを亡《な》くしたあと、『もう二度《にど》と飼《か》いたくありません。』という人《ひと》もいるんですよ。見《み》送《おく》るのがつらいから、という気持《きも》ちもわかるんですけどね……だから、ネコを亡《な》くしても、ネコをまた飼《か》う、そういう人《ひと》と出会《であ》うと、たまらなくうれしくなるんです。」

服部先生《はっとりせんせい》のもとに、カルテがふたつ増《ふ》えた。

ルルとモモ。

元気《げんき》に大《おお》きくなーれ！

エピローグ

「いま、子《こ》どもたちに生《い》き物《もの》の死《し》を見《み》せないようにする風潮《ふうちょう》があると思《おも》うんだけど、ぼくは、できるだけ、子《こ》どもたちには、生《い》き物《もの》の死《し》と向《む》きあってもらいたいなと思《おも》ってるんです。」

そう服部先生《はっとりせんせい》はいう。

トカゲや虫《むし》を捕《つか》まえて飼《か》ったとしても、たいがい、その生《い》き物《もの》はあっけなく死《し》んでしまう。そのとき、もっと勉強《べんきょう》しておけばよかった、こうしてやればよかった、と後悔《こうかい》することもあるだろう。

服部先生《はっとりせんせい》は、その気持《きも》ちが大事《だいじ》、という。

ネコでもイヌでも、たいがいのペットは、人間《にんげん》より先《さき》に死《し》んでしまう。

「だからこそ、やさしくしてあげなくちゃ、と思《おも》えるんですよね。もし死《し》なない生《い》き物《もの》がいたとしたら、やさしくなれないだろうと思《おも》うんです。」

たしかにそうだ。

もしも、「無敵《むてき》の」ネコがいたとする。病気《びょうき》もしないしケガもしない。どんなにらんぼうに扱《あつか》っても大丈夫《だいじょうぶ》……だったとしたら、わたしたちは、やさしく接《せっ》してあげられるだろうか？

死《し》は、どの生《い》き物《もの》にもやってくる。

きのうまで動《うご》いていた心臓《しんぞう》がとまり、やがてからだがつめたくなっていく。

頭《あたま》で想像《そうぞう》するのと、じっさいに目《ま》のあたりにするのとでは、ぜんぜんちがう。

ペットを飼《か》ってその死《し》に向《む》きあうことは、生《い》きているあいだの「ぬくもり」と死《し》んでしまったあとの「つめたさ」の両方《りょうほう》を、自分《じぶん》のからだが覚《おぼ》えることだから。

生《い》き物《もの》の死《し》を、からだで感《かん》じることが大事《だいじ》……服部先生《はっとりせんせい》はそう思《おも》っている。

「もしチャンスがあれば、ネコが生《う》まれる瞬間《しゅんかん》も、体験《たいけん》してもらえるといいな。」

服部先生《はっとりせんせい》は、まだ目《め》の開《あ》いていない、おそらく生《う》まれて七日目《なのかめ》ぐらいの子《こ》ネコを保護《ほご》して、いのちをつないだ経験者《けいけんしゃ》だ。

「手《て》のひらにのるぐらいのほんとうに小《ちい》さな子《こ》ネコが、ごくごくとミルクを飲《の》むすがたに、強《つよ》い生命力《せいめいりょく》を感《かん》じました。もし、赤《あか》ちゃんネコにおっぱいをあげる母《はは》ネコを観察《かんさつ》できたら、それもすばらしいな。」

そこには、まさに自分《じぶん》のからだが細《ほそ》っていくのもかまわず、必死《ひっし》に赤《あか》ちゃんを育《そだ》てようとするお母《かあ》さんがいる――。

自分《じぶん》たちのすがたで、生《い》きること、死《し》ぬこと、いろんなことをわたしたちに教《おし》えてくれるネコたち。

そっけなくしたり、あまえたり、勉強《べんきょう》の邪魔《じゃま》をしたり、いっしょにあそんだり……くらしのなかで、わたしたちを笑顔《えがお》にしてくれるネコたち。

ネコ専門医《せんもんい》の服部先生《はっとりせんせい》もまた、ネコたちに魅力《みりょく》を感《かん》じているひとりだ。

病気《びょうき》が治《なお》って元気《げんき》になったネコたちは、飼《か》い主《ぬし》たちにあらたな笑顔《えがお》を与《あた》えてくれ、そしてまた、服部先生《はっとりせんせい》にも生《い》きるエネルギーをプレゼントしてくれる。

きょうもまた、ネコたちとの新《あたら》しい出会《であ》いが待《ま》っている――。

巻末特集《かんまつとくしゅう》

ネコとくらす

～服部先生《はっとりせんせい》からのアドバイス！

ネコを飼《か》うのがはじめてだったら

「ペットショップで目《め》が合《あ》っちゃったから。」

ネコやイヌを飼《か》いはじめた人《ひと》からよく聞《き》くセリフだ。

かわいい子《こ》ネコがならんでいるペットショップ……なーんにも感《かん》じないで通《とお》りすぎろ、っていうほうが無理《むり》な話《はなし》。服部先生《はっとりせんせい》はいう。

「衝動買《しょうどうが》いが悪《わる》いわけでもないし、『目《め》が合《あ》っちゃう』のもご縁《えん》かもしれません。大事《だいじ》なのは、そのネコが一生《いっしょう》を終《お》えるまで、ちゃんと育《そだ》てること。それにつきます。」

ネコもイヌも、家《いえ》のなかで飼《か》うことがふつうになってきたので、それだけその一生《いっしょう》も長《なが》くなった。

十歳以上《さいいいじょう》はあたりまえ、十五歳以上《さいいじょう》まで生《い》きるネコもめずらしくない。

それだけの長《なが》いあいだ、責任《せきにん》を持《も》って育《そだ》てられるか？

病気《びょうき》になったら、お金《かね》もかかるし……。

考《かんが》えだしたら、どうしたらよいかわからなくなってしまうかもしれない。

それでも、ネコを飼《か》ってみたいな、いっしょにくらしてみたいな、と思《おも》ったら、よい方《ほう》法《ほう》がある。

「とにかく、ネコに触《ふ》れてみること。ネコを飼《か》っている人《ひと》に、『見《み》に行《い》っていいですか。』と聞《き》いてみてもいいと思《おも》います。ダメ、という人《ひと》はほとんどいないと思《おも》いますよ。」

と先生《せんせい》。

自分《じぶん》ちのネコに会《あ》いに来《き》てくれる、それは飼《か》い主《ぬし》さんにとってもうれしいこと。気軽《きがる》にたのんでよいことだ、と。

ネコのいるおたくをたずねたら、まずはじっくりネコを観察《かんさつ》してみよう。いろんな性格《せいかく》のネコがいる。はずかしがって、ソファの下《した》にかくれてしまう子《こ》もいるかもしれない。

(なーんだ、ちっともさわらせてくれないじゃないか。)

がっかりするのは、早《はや》い。

飼《か》い主《ぬし》さんとお話《はなし》をするのもいい手《て》だ。

飼《か》い主《ぬし》さんがお客《きゃく》さんとリラックスしてすごしていたら、そのうちのネコも安心《あんしん》するし、

（なになに？　だれが来《き》たの？）

と好奇心《こうきしん》を発揮《はっき》するかもしれない。

いつのまにか、お客《きゃく》さんのすぐそばに来《き》てる、ってこともある。

そうしたらはじめて、おやつをあげてみたり、おもちゃであそんでみたり、してみよう。

「なでてみていいですか。」

タイミングを見《み》て、飼《か》い主《ぬし》さんに聞《き》いてみよう。

飼《か》い主《ぬし》さんは、そのネコの性格《せいかく》をよく知《し》っているから、いいアドバイスをくれるだろう。

服部先生《はっとりせんせい》はいう。

「本《ほん》を読《よ》んだりインターネットで調《しら》べてみたりするのも、いい『予習《よしゅう》』になるけれど、何《なん》度《ど》かじっさいに、ネコに会《あ》ってみる、これは大事《だいじ》なことですね。

自分《じぶん》はほんとうに、ネコを飼《か》いたいのか？

飼《か》うならどんなネコがいいのか？　ネコに会《あ》っているうちに、しぜんと答《こた》えが出《で》てくると思《おも》いますよ。」

ネコを手《て》に入《い》れる方法《ほうほう》は、ペットショップばかりとはかぎらない。じつはいろんな方法《ほうほう》がある。これを覚《おぼ》えておくのも大事《だいじ》なこと。家族《かぞく》にも教《おし》えてあげて、たくさん話《はな》しあうとよい。

いま、増《ふ》えているのは、「保護《ほご》ネコカフェ」。ゆっくりネコと触《ふ》れあうのにも、いい場所《ばしょ》だ。「この子《こ》を飼《か》いたい。」と思《おも》ったら、お店《みせ》の人《ひと》と相談《そうだん》しよう。

捨《す》てられたネコなどを保護《ほご》するボランティア団体《だんたい》もたくさんある。スタッフはネコのことをよく知《し》っているから、育《そだ》て方《かた》のアドバイスもしてもらえる。

動物病院《どうぶつびょういん》で、ネコを保護《ほご》している場合《ばあい》もある。しっかり健康管理《けんこうかんり》ができているから安心《あんしん》だ。病院《びょういん》の表《おもて》に張《は》られているチラシなどを注意《ちゅうい》して見《み》てみよう。

もしも、どうしてもこの品種《ひんしゅ》のネコが飼《か》いたい！　と思《おも》ったら、ブリーダーさんをたずねてみよう。母《はは》ネコ父《ちち》ネコも、しっかり見《み》ておくとよい。

動物病院《どうぶつびょういん》となかよくなる

「ネコとくらすようになったら、まず、動物病院《どうぶつびょういん》で、健康診断《けんこうしんだん》をしてほしい。」

と服部先生《はっとりせんせい》はいう。

ペットショップやブリーダー、保護団体《ほごだんたい》では、ネコの健康状態《けんこうじょうたい》をチェックしているはずだ。また生《う》まれたばかりの子《こ》ネコは、病気《びょうき》に感染《かんせん》しやすいので、一か月《げつ》の間隔《かんかく》を置《お》いて、計《けい》二回《かい》のワクチン、つまり予防接種《よぼうせっしゅ》をするのがふつうだ。

それでも、いよいよ自分《じぶん》の家《いえ》でネコとくらすことになったら、念《ねん》のために、動物病院《どうぶつびょういん》で健康診断《けんこうしんだん》を受《う》けたほうがいい。

「思《おも》わぬ病気《びょうき》がひそんでいることもあるし、そうでなくても、ネコを病院《びょういん》という場所《ばしょ》になれさせるために、できるだけ小《ちい》さいころから、体験《たいけん》させたほうがよいですね。」

予防接種《よぼうせっしゅ》もせずに、病気《びょうき》にならなくて、一度《いちど》も動物病院《どうぶつびょういん》に行《い》くことがなかったとしたら、それはとてもラッキーなことだ。

でもそのネコが、年《とし》をとってから病気《びょうき》になったとしよう。病院《びょういん》に行《い》くしかないが、いままで経験《けいけん》がなければ、

（ここはいったいどこ⁉）

と、ネコに大《おお》きなストレスがかかってしまう。

病院《びょういん》に行《い》ってケージのとびらを開《あ》けた瞬間《しゅんかん》に、天井《てんじょう》に近《ちか》いたなまでのぼってしまって、なかなかおりてこないネコもいるぐらいだ。いったんネコが病院《びょういん》ぎらいになってしまったら、検査《けんさ》もできないし、治療《ちりょう》もできない……。

そうならないために、動物病院《どうぶつびょういん》とはなかよくなっておいたほうがいい。ワクチンは三年《ねん》に一回受《かいう》けるのがふつう。健康診断《けんこうしんだん》は一年《ねん》に一回受《かいう》けるほうがいいだろう。

そしてついでに、日《ひ》ごろ飼《か》い主《ぬし》が気《き》になっていること……フードはこれでいいのかな？お留守番《るすばん》はどんなふうにさせればいいのかな？　など疑問《ぎもん》をぶつけるのもいい。獣医《じゅうい》さんや動物看護師《どうぶつかんごし》さんは、心強《こころづよ》い相談相手《そうだんあいて》になってくれるはずだ。

ネコからのサイン

「ドッグスピード」ということばがある。イヌは、病気《びょうき》になったとき、人間《にんげん》の七倍《ばい》ほどの速《はや》さで、進行《しんこう》してしまう、という意味《いみ》だ。

これは、ネコにもあてはまる。

病気《びょうき》が進《すす》むのも、また治《なお》るのも、人間《にんげん》より速《はや》い。

たとえば、赤《あか》ちゃんを産《う》んだあと。人間《にんげん》だったら数日《すうじつ》は入院《にゅういん》するけれど、ネコは翌日《よくじつ》からふだんどおりの生活《せいかつ》をしている。

逆《ぎゃく》に、体調不良《たいちょうふりょう》で病院《びょういん》に運《はこ》ばれてきたネコに、ガンが見《み》つかったとして……二、三日《にち》のうちにあっけなく死《し》んでしまうこともある。

だから、ことばをしゃべらないネコからのサインを見《み》つけるのは、とても大事《だいじ》なこと。

「そのためには、毎日《まいにち》、飼《か》っているネコを観察《かんさつ》すること、それしかありません。」

たとえば、おしっこやうんちがいつもとちがうぞ、とか。

食欲《しょくよく》がない、からだが熱《あつ》い（熱《ねつ》が高《たか》い）、なんとなく元気《げんき》がない、食《た》べ物《もの》を吐《は》く、口《くち》かられへんなにおいがしている、たくさん毛《け》が抜《ぬ》けた……など、よく観察《かんさつ》していれば、いつもとちがう「異変《いへん》」を見《み》つけてやれる。

「ネコと触《ふ》れあうことはもっと大事《だいじ》ですね。」

体重《たいじゅう》が増《ふ》えてるとか減《へ》ってるとか、「あ、へんなしこりがあるな。」とか、飼《か》い主《ぬし》が気《き》づいてやれば、病気《びょうき》を早《はや》く治療《ちりょう》することができる。

たとえば、ネコがほしがっているからといって、おやつをたくさんやったらどうなるだろう。肥満《ひまん》は病気《びょうき》のもと。おやつをやりすぎないことも、飼《か》い主《ぬし》の責任《せきにん》だ。

「病気《びょうき》を治《なお》すのは、ぼくら獣医《じゅうい》の仕事《しごと》だけれど、病気《びょうき》を見《み》つける、健康管理《けんこうかんり》をする——それは飼《か》い主《ぬし》さんの仕事《しごと》なんですよね。」

服部先生《はっとりせんせい》の言葉《ことば》を、かみしめたい。

あとがき

東《ひがし》　多江子《たえこ》

いのちを救《すく》う仕事《しごと》、それはなんてすばらしいのだろう。

たとえ相手《あいて》が人間《にんげん》であっても、動物《どうぶつ》であっても。

……ずっとわたしはそう思《おも》ってきたけれど、ネコのお医者《いしゃ》さん、服部幸先生《はっとりゆきせんせい》に何度《なんど》かお会《あ》いし、その仕事《しごと》ぶりを拝見《はいけん》して、少《すこ》し気持《きも》ちが変《か》わってきた。

人間《にんげん》のお医者《いしゃ》さんなら、病気《びょうき》を治《なお》したときに、患者《かんじゃ》さんの笑顔《えがお》が見《み》られる。感謝《かんしゃ》の言葉《ことば》をもらうこともある。でも獣医《じゅうい》さんにそれはなし……動物《どうぶつ》は病気《びょうき》が治《なお》っても「ありがとう。」なんて言《い》わない。逆《ぎゃく》に、ひっかかれたり、かまれたりすることもある。

人間《にんげん》のお医者《いしゃ》さんなら、患者《かんじゃ》さんだけを診《み》ていればよい。

でも獣医《じゅうい》さんはそうはいかない。動物《どうぶつ》を診《み》ながら同時《どうじ》に、飼《か》い主《ぬし》さんに病気《びょうき》のことを理解《りかい》してもらい、ときには世話《せわ》の指導《しどう》をしなくてはならない。相手《あいて》は動物《どうぶつ》と人間《にんげん》なのだ。

……なんだか獣医《じゅうい》さんのほうがたいへんそう。

取材《しゅざい》のなかで、ネコとのくらしを大事《だいじ》にしている何人《なんにん》かの人《ひと》たちにお会《あ》いした。どの人《ひと》も、自分《じぶん》ちのネコを「おりこうな子《こ》にしつけよう。」なんて思《おも》っていない。ネコのあるがままのすがたや性格《せいかく》を受《う》けいれて、かわいがっている。

ネコって、芸《げい》やお仕事《しごと》をしなくても、生《う》まれながらの愛《あい》されキャラなのだ。人《ひと》を笑顔《えがお》にし、やさしい気持《きも》ちにさせる生《い》き物《もの》！

いっしょにくらすだけで、とてもゆたかな時間《じかん》が生《う》まれる。

……わたしには、また別《べつ》のことがわかってきた。

ネコのお医者《いしゃ》さん、服部先生《はっとりせんせい》の仕事《しごと》は、ネコの病気《びょうき》を治《なお》し、そのネコと人《ひと》との「幸《しあわ》せな時間《じかん》」を取《と》りもどしてあげることなんだな、と。

やっぱりすばらしいな、いのちを救《すく》う仕事《しごと》。

この本《ほん》を読《よ》みおわったら、読者《どくしゃ》のみなさんも、近《ちか》くに生《い》きている「いのち」のことを思《おも》ってみてくださいね。

＊著者紹介

東《ひがし》　多江子《たえこ》

福岡県生まれ。同志社大学卒業。フリーライターを経て、脚本家に。作品に「ええにょぼ」(NHK連続テレビ小説)、「中学生日記」(教育テレビ)、映画『仔犬ダンの物語』など多数。児童書に「へこまし隊」シリーズ、『タロとジロ』、「予知夢がくる!」シリーズ、「フェアリーキャット」シリーズ、『ヘレン・ケラー物語』(以上、講談社青い鳥文庫)、『ちょっとだけ弟だった幸太のこと』(そうえん社)ほか。

＊本文イラスト／たはらひとえ

＊撮影／椎野《しいの》　充《みつる》(講談社写真部《こうだんしゃしゃしんぶ》)
(p.7、p.19、p.23、p.61、p.87、p.129)

この作品は書き下ろしです。

講談社　青い鳥文庫　248-23

ぼくはネコのお医者《いしゃ》さん
ネコ専門病院《せんもんびょういん》の日々《ひび》
東《ひがし》　多江子《たえこ》

2018年２月25日　第１刷発行

（定価はカバーに表示してあります。）

発行者　鈴木　哲
発行所　株式会社講談社
東京都文京区音羽2-12-21　郵便番号112-8001
電話　編集（03）5395-3536
販売（03）5395-3625
業務（03）5395-3615

N.D.C.913　140p　18cm

装　丁　krran（坂川朱音）
久住和代
印　刷　図書印刷株式会社
製　本　図書印刷株式会社
本文データ制作　講談社デジタル製作

ISBN978-4-06-285680-5

おもしろい話がいっぱい！

コロボックル物語

- だれも知らない小さな国　佐藤さとる
- 豆つぶほどの小さないぬ　佐藤さとる
- 星からおちた小さな人　佐藤さとる
- ふしぎな目をした男の子　佐藤さとる
- 小さな国のつづきの話　佐藤さとる
- コロボックル童話集　佐藤さとる
- 小さな人のむかしの話　佐藤さとる

モモちゃんとアカネちゃんの本

- ちいさいモモちゃん　松谷みよ子
- モモちゃんとプー　松谷みよ子
- モモちゃんとアカネちゃん　松谷みよ子
- ちいさいアカネちゃん　松谷みよ子
- アカネちゃんとお客さんのパパ　松谷みよ子
- アカネちゃんのなみだの海　松谷みよ子

- 龍の子太郎　松谷みよ子
- ふたりのイーダ　松谷みよ子

クレヨン王国シリーズ

- クレヨン王国の十二か月　福永令三
- クレヨン王国の花ウサギ　福永令三
- クレヨン王国　新十二か月の旅　福永令三
- クレヨン王国　いちご村　福永令三
- クレヨン王国　超特急24色ゆめ列車　福永令三
- クレヨン王国　黒の銀行　福永令三

キャプテンシリーズ

- キャプテンはつらいぜ　後藤竜二
- キャプテン、らくにいこうぜ　後藤竜二
- キャプテンがんばる　後藤竜二

- 霧のむこうのふしぎな町　柏葉幸子

- 地下室からのふしぎな旅　柏葉幸子
- 天井うらのふしぎな友だち　柏葉幸子
- りんご畑の特別列車　柏葉幸子

- かくれ家は空の上　柏葉幸子
- ふしぎなおばあちゃん×12　柏葉幸子
- 大どろぼうブラブラ氏　角野栄子
- でかでか人とちびちび人　立原えりか
- ユタとふしぎな仲間たち　三浦哲郎
- さすらい猫ノアの伝説(1)〜(2)　重松　清
- 少年H(上)(下)　妹尾河童
- 南の島のティオ　池澤夏樹
- ぼくらのサイテーの夏　笹生陽子
- 楽園のつくりかた　笹生陽子
- リズム　森　絵都
- DIVE《ダイブ》!!(1)〜(4)　森　絵都
- 十一月の扉　高楼方子
- ロードムービー　辻村深月
- 十二歳　椰月美智子
- しずかな日々　椰月美智子
- 旅猫リポート　有川　浩
- 幕が上がる　平田オリザ／原作　喜安浩平／脚本　古閑万希子／文
- ルドルフとイッパイアッテナ 映画ノベライズ　斉藤　洋／原作　加藤陽一／脚本　桜木日向／文
- 超高速！参勤交代 映画ノベライズ　土橋章宏／脚本　時海結以／文

講談社　青い鳥文庫

日本の名作

- 源氏物語　紫　式部
- 平家物語　高野正巳
- 坊っちゃん　夏目漱石
- 吾輩は猫である(上)(下)　夏目漱石
- くもの糸・杜子春　芥川龍之介
- 伊豆の踊子・野菊の墓　川端康成　伊藤左千夫
- 宮沢賢治童話集
  - 1 注文の多い料理店　宮沢賢治
  - 2 風の又三郎　宮沢賢治
  - 3 銀河鉄道の夜　宮沢賢治
  - 4 セロひきのゴーシュ　宮沢賢治
- 耳なし芳一・雪女　小泉八雲
- 舞姫　森　鷗外
- 次郎物語(上)(下)　下村湖人
- 走れメロス　太宰　治
- 怪人二十面相　江戸川乱歩
- 少年探偵団　江戸川乱歩
- 二十四の瞳　壺井　栄
- ごんぎつね　新美南吉

ノンフィクション

ほんとうにあった話

- 川は生きている　富山和子
- 道は生きている　富山和子
- 森は生きている　富山和子
- お米は生きている　富山和子
- 海は生きている　富山和子
- 窓ぎわのトットちゃん　黒柳徹子

- トットちゃんとトットちゃんたち　黒柳徹子
- 五体不満足　乙武洋匡
- 白旗の少女　比嘉富子
- 飛べ！千羽づる　手島悠介
- マザー・テレサ　沖　守弘
- ピカソ　岡田好惠
- ヘレン・ケラー物語　東　多江子
- アンネ・フランク物語　小山内美江子
- サウンド・オブ・ミュージック　谷口由美子
- しっぽをなくしたイルカ　岩貞るみこ
- 命をつなげ！ドクターヘリ　岩貞るみこ
- ハチ公物語　岩貞るみこ
- ゾウのいない動物園　岩貞るみこ
- 青い鳥文庫ができるまで　岩貞るみこ
- もしも病院に犬がいたら　岩貞るみこ
- 読書介助犬オリビア　今西乃子
- しあわせになった捨てねこ　今西乃子／原案　青い鳥文庫／編
- はたらく地雷探知犬　大塚敦子
- タロとジロ　南極で生きぬいた犬　東　多江子
- 盲導犬不合格物語　沢田俊子
- 世界一のパンダファミリー　神戸万知
- 海よりも遠く　白石康次郎／原案　和智正喜
- ぼくは「つばめ」のデザイナー　水戸岡鋭治
- ほんとうにあった オリンピックストーリーズ　日本オリンピック・アカデミー／監修
- ほんとうにあった 戦争と平和の話　野上　暁／監修
- ピアノはともだち　奇跡のピアニスト 辻井伸行の秘密　こうやまのりお
- ウォルト・ディズニー伝記　ビル・スコロン

「講談社《こうだんしゃ》 青《あお》い鳥文庫《とりぶんこ》」刊行《かんこう》のことば

太陽《たいよう》と水《みず》と土《つち》のめぐみをうけて、葉《は》をしげらせ、花《はな》をさかせ、実《み》をむすんでいる森《もり》。小鳥《ことり》や、けものや、こん虫《ちゅう》たちが、春《はる》・夏《なつ》・秋《あき》・冬《ふゆ》の生活《せいかつ》のリズムに合《あ》わせてくらしている森《もり》。森《もり》には、かぎりない自然《しぜん》の力《ちから》と、いのちのかがやきがあります。

本《ほん》の世界《せかい》も森《もり》と同《おな》じです。そこには、人間《にんげん》の理想《りそう》や知恵《ちえ》、夢《ゆめ》や楽《たの》しさがいっぱいつまっています。

本《ほん》の森《もり》をおとずれると、チルチルとミチルが「青《あお》い鳥《とり》」を追《お》い求《もと》めた旅《たび》で、さまざまな体験《たいけん》を得《え》たように、みなさんも思《おも》いがけないすばらしい世界《せかい》にめぐりあえて、心《こころ》をゆたかにするにちがいありません。

「講談社《こうだんしゃ》 青《あお》い鳥文庫《とりぶんこ》」は、七十年《ねん》の歴史《れきし》を持《も》つ講談社《こうだんしゃ》が、一人《ひとり》でも多《おお》くの人《ひと》のために、すぐれた作品《さくひん》をよりすぐり、安《やす》い定価《ていか》でおおくりする本《ほん》の森《もり》です。その一さつ一さつが、みなさんにとって、青《あお》い鳥《とり》であることをいのって出版《しゅっぱん》していきます。この森《もり》が美《うつく》しいみどりの葉《は》をしげらせ、あざやかな花《はな》を開《ひら》き、明日《あす》をになうみなさんの心《こころ》のふるさととして、大《おお》きく育《そだ》つよう、応援《おうえん》を願《ねが》っています。

昭和《しょうわ》五十五年《ねん》十一月《がつ》

講談社